POLYGLOTT

SÜDAFRIKA

ON TOUR

AF130674

DANIELA SCHETAR & FRIEDRICH KÖTHE

Die Ethnologin und der Soziologe kennen Südafrika seit
vielen Jahren. Sie verfolgen gespannt den Wandel einer Nation,
die einen neuen Weg in die Zukunft geht, in der jedes der
Völker seinen Platz findet. Auch von der Tierwelt sind sie
immer wieder fasziniert.

Unser E-Book-Code zur elektronischen Erweiterung des
POLYGLOTT on tour. Das kostenlose E-Book enthält die im
Reiseführer aufgeführten Adressen entlang der Touren,
beispielsweise zu Essen und Trinken, Shoppen, Aktivitäten
und Hotel-Tipps. Links auf einen externen Kartendienst
vereinfachen das Auffinden dieser Adressen.

SYMBOLE ALLGEMEIN
 Erstklassig: Besondere Tipps
der Autoren
 Seitenblick: Spannende
Anekdoten zum Reiseziel
 Top-Highlights und
Highlights der Destination

TOUR-SYMBOLE		PREIS-SYMBOLE	
1 Die POLYGLOTT-Touren		Hotel DZ	Restaurant
6 Stationen einer Tour	€	bis 1200 Rand	bis 200 Rand
A1 Die Koordinate verweist auf	€€	1200-2000 Rand	200-500 Rand
die Platzierung in der Faltkarte	€€€	über 2000 Rand	über 500 Rand
a1 Platzierung Rückseite Faltkarte			

ZEICHENERKLÄRUNG DER KARTEN

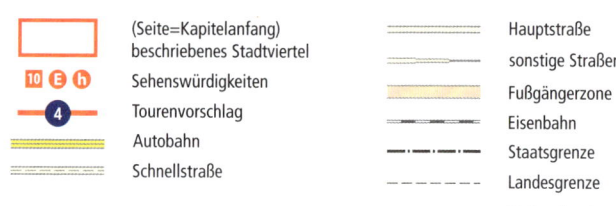

(Seite=Kapitelanfang) beschriebenes Stadtviertel	Hauptstraße
Sehenswürdigkeiten	sonstige Straßen
Tourenvorschlag	Fußgängerzone
Autobahn	Eisenbahn
Schnellstraße	Staatsgrenze
	Landesgrenze
	Nationalparkgrenze

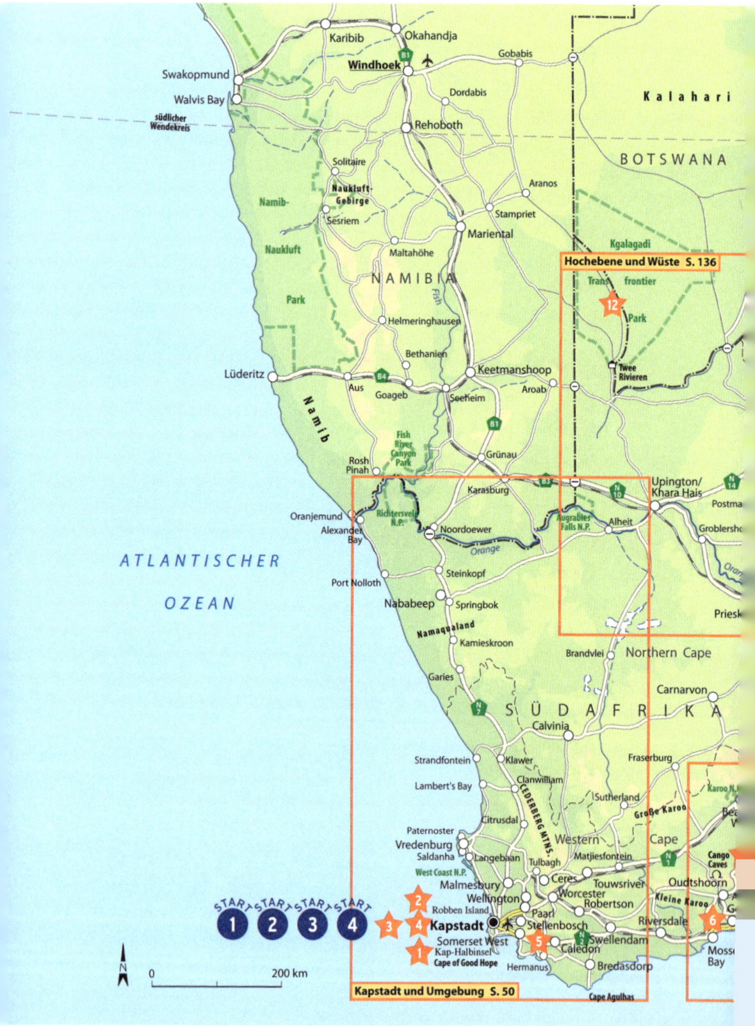

ATLANTISCHER
OZEAN

Swakopmund
Walvis Bay
südlicher
Wendekreis

Namib-

Naukluft

Park

Namib

Lüderitz

Rosh
Pinah

Oranjemund
Alexander
Bay
Port Nolloth

Karibib
Okahandja
Windhoek
Gobabis
Dordabis

Rehoboth

Solitaire
Naukluft-
Gebirge
Sésriem
Maltahöhe

Helmeringhausen

Bethanien

Aus
Goageb
Seeheim

Fish
River
Canyon
Park

Grünau

Karasburg

Noordoewer
Orange
Steinkopf

Nababeep
Springbok

Namaqualand
Kamieskroon

Garies

Strandfontein
Lambert's Bay
Paternoster
Vredenburg
Saldanha
West Coast N.P.
Malmesbury
Wellington

Klawer
Clanwilliam

Citrusdal

Langebaan
Tulbagh
Ceres

Aranos

Stampriet
Mariental

Kgalagadi

Keetmanshoop
Aroab

Alheit

Upington/
Khara Hais

Postma

Groblersho

Priesk

Brandvlei
Northern Cape

Carnarvon

SÜDAFRIKA
Calvinia

Fraserburg

Sutherland
Große Karoo

Matjiesfontein
Touwsriver
Worcester
Robertson

Western

Cape

Oudtshoorn

Cango
Caves

Kalahari

BOTSWANA

Hochebene und Wüste S. 136

Park

Twee
Rivieren

Kleine Karoo

Riversdale

Mosse
Bay

START START START START
① ② ③ ④

Robben Island
Somerset West
Kap-Halbinsel
Cape of Good Hope

Kapstadt
Stellenbosch
Paarl

Caledon
Swellendam
Bredasdorp
Hermanus
Cape Agulhas

Kapstadt und Umgebung S. 50

0 ____ 200 km

Perfekte Planung > Parallel vordere Klappe aufschlagen

TOP 12 HIGHLIGHTS

1. KAP-HALBINSEL > S. 51
2. ROBBEN ISLAND > S. 63
3. TAFELBERG > S. 64
4. KIRSTENBOSCH BOT. GARDENS > S. 65
5. STELLENBOSCH-WEINSTRASSE > S. 69
6. GARDEN ROUTE > S. 85
7. CANGO CAVES > S. 91
8. DRAKENSBERGE > S. 106
9. ISIMANGALISO WETLAND PARK > S. 115
10. BLYDE RIVER CANYON > S. 126
11. KRUGER-NATIONAL-PARK > S. 128
12. KGALAGADI TRANS-FRONTIER PARK > S. 145

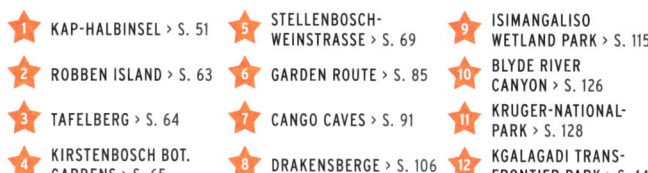

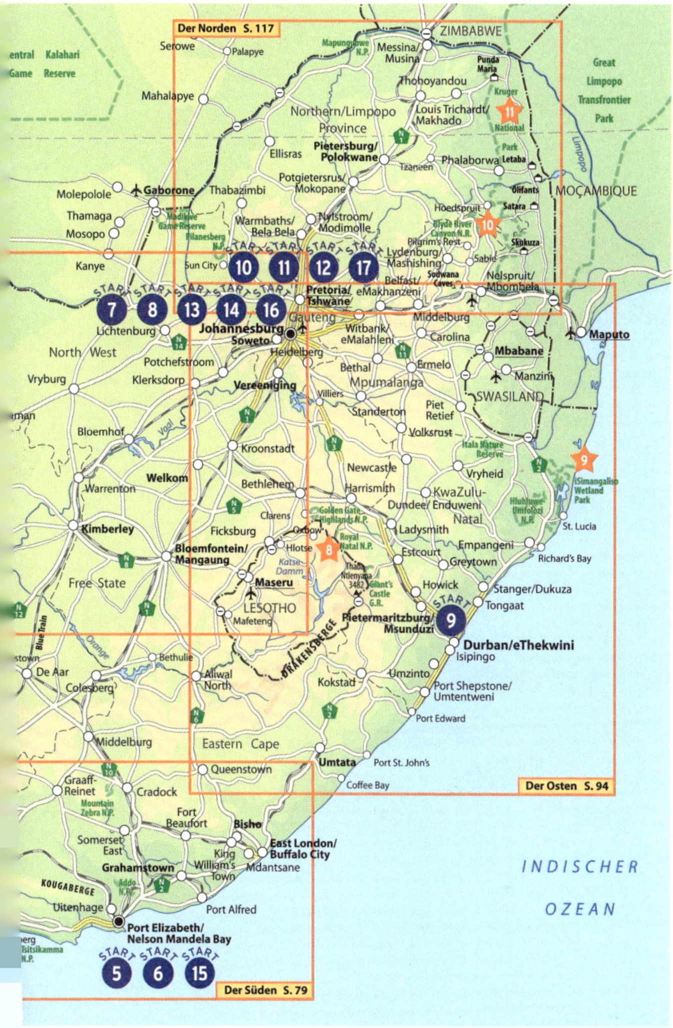

Springböcke tragen ihren Namen zu Recht. Aus dem Stand springen sie bis zu 3,5 m hoch.

TYPISCH

SÜDAFRIKA IST EINE REISE WERT!

Das südlichste Land Afrikas bietet ein Kaleidoskop an Landschaften, das seinesgleichen sucht: himmelhohe Berge im Nordosten, liebliche Hügel im Land der Zulu, bleigraues Wasser am Atlantik, heitere Buchten am Indischen Ozean, endlose Wüsten und dichte Wälder, dazu eine lebendige Kultur und ein riesiges Angebot an kulinarischen Genüssen ...

DANIELA SCHETAR & FRIEDRICH KÖTHE
Die Autoren kennen Südafrika seit vielen Jahren. Die Ethnologin und der Soziologe verfolgen gespannt den Wandel einer Nation, die einen neuen Weg in die Zukunft geht, in der jedes der Völker seinen Platz findet. Auch von der Tierwelt sind sie immer wieder fasziniert.

Nachtflug! Mehr oder weniger ausgeruht kommen wir an! Kapstadt! Stahlblauer Himmel, die berühmte weiße Wolkendecke auf dem Tafelberg, farbenfrohe Häuser an endlos langen Straßen, Menschen aus aller Welt, Cafés, Gärten, Straßenmusikanten: Diesem Bild haben wir – wie so oft – entgegengefiebert. So wird der Koffer schnell im Hotel abgestellt und wir lassen uns gleich vom Strudel der Großstadt treiben.

Zwei, drei Tage sind das Minimum, das wir für die Stadt am Kap zur Einstimmung regelmäßig vorsehen. Hier hatte vor über 350 Jahren für die europäischen Siedler alles begonnen, hier haben die Holländer ihre erste Kolonie gegründet, von hier haben sich die Buren auf ihre Reise ins Landesinnere aufgemacht, nach Norden zum Oranje und nach Osten die Küste entlang. Auch wir brechen auf, am liebsten mit dem Mietwagen. Und sind selten alleine

in diesem riesigen Land! Die Südafrikaner sind ein ausgesprochen reise-freudiges Volk. Sie lieben es, sich in vollgeladenen Autos aufzumachen und Wochenende und Freizeit in der Natur zu verbringen. Das Angebot ist wirklich riesig. In zahllosen, über das ganze Land verteilten Schutzgebieten wurde die wilde und ursprüngliche, in ihrer Vielfalt einzigartige Landschaft konserviert. Südafrika war und ist Weltmeister des Naturschutzes. Der Kruger National Park, das größte und bekannteste Reservat, ist allein schon eine Reise wert. Dickhäuter en gros leben im Addo Elephant Park, ihnen – bequem am Wasserloch auf einer Bank sitzend – beim Baden zuzusehen, begeistert auch uns immer wieder aufs Neue. Eine Wanderung im Valley of Desolation bei Graaff-Reinet muss ebenso sein. Wenn die Felsformationen in der Morgen- und Abendsonne rot erglühen, sind wir mit uns und der Welt zufrieden. Im August lockt die bunte Blütenpracht des Nordwestens, bis weit an den Horizont bedecken die Blumenteppiche das Namaqualand bei Clanwilliam. Im Südwinter (Juni, Juli) flüchten wir zu den Parks im Nordosten bei St. Lucia. Hier ist es dann immer noch angenehm warm, Sonne garantiert. Elefanten, Haie und Krokodile in den Sümpfen, am Meer und an den Seen sind unsere Hauptprotagonisten.

Wenn wir dann genug gesehen haben von der Tierwelt, die Big Five Löwe, Elefant, Nashorn, Leopard und Büffel mit Giraffe, Zebra, Gepard und Flusspferd zu den Big Nine komplettiert haben, ist es Zeit für den zehnten Kandidaten – das größte Säugetier überhaupt. Dann steht Walbeobachtung an der Garden Route auf dem Programm, kombiniert mit Austernschlürfen und Fischessen satt, vielleicht auch mit einer Küstenwanderung bei Pletten-

Die bunten Umkleidehäuschen am Strand
von Muizenberg stammen aus edwardianischer Zeit

Das Robberg Nature Reserve bei Plettenberg Bay bietet abwechslungsreiche Wanderwege

berg Bay. Landschaftlich ausgesprochen eindrucksvoll ist die anschließende Fahrt durch den Gebirgsriegel in die Kleine Karoo und weiter zur Großen Karoo mit ihren von der Zeit vergessenen Städtchen.

Und was wäre eine Südafrikareise ohne den Besuch der Cape Wine Lands? Die Weingüter in Franschhoek, Paarl und Stellenbosch stehen für die ausgezeichnetsten Tropfen der Welt und für eine kulinarische Erlebnisreise durch die besten Restaurants. Es ist eine gesegnete Region, sanfte hügelige Landschaften, Wiesen, Plantagen mit Zitrusfrüchten und natürlich endlose Rebenpflanzungen, in deren Mitte die kapholländischen Gutshöfe weiß in der Sonne strahlen. Und egal wo, überall spüren wir die Warmherzigkeit und die Lebensfreude der südafrikanischen Bevölkerung.

Unsere Reise nähert sich dem Ende. Abflug ist diesmal in Johannesburg. Auf dem Weg dorthin machen wir noch an den Drakensbergen halt. Landschaftlich überaus aufregend finden wir das Gebirge beim Champagne Castle, den Cathedral Peaks oder im Golden Gate Highlands National Park – für uns eine Wander- und Bergsteigerdestination *par excellence*.

Vier Wochen sind vorbei. Wir haben unendlich viel gesehen und haben fast nichts gesehen. Zehn Wochen hätten aber auch nicht gereicht. Also wird die nächste Reise nach Südafrika gleich geplant! Ob uns das leid tut? Sicherlich nicht!

WAS STECKT DAHINTER?

Die kleinen Geheimnisse sind oftmals die spannendsten. Hier werden die Geschichten hinter den Kulissen erzählt.

WARUM IST ROOIBOSTEE GESUND?

Die Engländer haben die feine Teekultur nach Südafrika gebracht. Doch der Lieblingstee der Südafrikaner ist nicht Darjeeling, Ceylon oder Assam, es ist der Aufguss der Blätter des heimischen Rotbuschs – Rooibos. Er wurde bereits von den San als Getränk geschätzt und gilt als ausgesprochen bekömmlich. Der Sud enthält viele Mineralien, Phenolsäuren und Vitamin C – allerdings kein Koffein, weshalb er auch für Kinder geeignet ist. Er wird auch gern als Heilmittel bei Hautproblemen, Eisenmangel, Nierensteinproblemen (keine Oxalsäure!) wie auch Bluthochdruck verwendet.

WARUM STEHT DIE NOON GUN AUF KAPSTADTS SIGNAL HILL?

Seit 1806 wird die Kanone um 12 Uhr mittags abgefeuert. Gern stellen die Kapstädter dann ihre Uhren. Eigentlich diente der Schuss aber zur Einstellung der Schiffschronometer. Mit dessen Zeit und der Messung des jeweiligen Sonnenhöchststandes ließen sich auf der Reise die Distanz nach Kapstadt und damit der aktuelle Längengrad berechnen. Bei der Kalibrierung achteten die Seeleute übrigens nicht auf den nur verzögert zu hörenden Knall, sondern auf den sofort sichtbaren Rauch.

INDUSTRIE- ODER SCHMUCKDIAMANT?

Weit über 10 000 Kriterien benutzen die großen Firmen, um Rohdiamanten in Kategorien einzuteilen. Neben Farbe, Form und Größe gibt es noch eine Menge weiterer Unterscheidungsmerkmale wie Reinheit, Ein- und Umschlüsse oder Spaltbarkeit – eine Wissenschaft für sich. Am Ende landen nur 20 % der Funde schließlich beim Juwelier.

WARUM GELTEN TEMPOLIMITS NICHT FÜR ALLE?

Zwischen Springbok und Upington testen die großen Autohersteller Europas und Asiens regelmäßig ihre Erlkönige bei Hochgeschwindigkeitsfahrten. Schilder an den Fahrzeugen machen klar, dass für sie die Geschwindigkeitsbeschränkungen nicht gelten. Also nicht erschrecken, wenn eine Limousine mit 250 km/h auf der Straße brettert!

WARUM WAREN DIE ZULU SO ERFOLGREICHE KRIEGER?

Die Zulu griffen in strenger Formation an, außerdem entwickelten sie den kurzen, im Nahkampf überaus effektiven Stoßspeer Iklwa. Zulukrieger waren zudem taktisch ausgebildet, konnten 80 km am Tag laufen und und waren wegen des hohen gesellschaftlichen Ansehens extrem motiviert.

50 DINGE, DIE SIE ...

Hier wird entdeckt, probiert, gestaunt, Urlaubserinnerungen werden gesammelt und Fettnäpfe clever umgangen. Diese Tipps machen Lust auf mehr und lassen Sie die ganz typischen Seiten erleben. Viel Spaß dabei!

... ERLEBEN SOLLTEN

1 Radtour in der Township Mit dem Fahrrad entdeckt man die Township hautnah und fährt unter informativer Führung zu den Sehenswürdigkeiten Sowetos, am besten einen ganzen Tag lang mit dem Besuch eines Shebeens, einer lokalen Kneipe › S. 105. Von individuellen Touren ist abzuraten (www.sowetobackpackers.com).

2 Der tiefste Sturz Beim Tsitsikamma National Park wartet der höchste Bungee Jump der Welt von der 216 m hohen Bloukrans-Brücke › S. 85. Man muss ja nicht gleich den Rekord brechen (19 Sprünge in einer Stunde), der frühere Präsident Mbeki hat es auch bei einem Jump belassen (www.faceadrenalin.com).

3 Schluchtenfahrt Eine spektakuläre Autostrecke verbindet die Kleine mit der Großen Karoo zwischen De Rust und Klaarstrom › S. 91. Sie führt über 20 km durch die von bizarren Sandsteinmassen flankierte Schlucht von Meiringspoort (ca. 30 Min.) und ist eine Alternative zur westlich verlaufenden Straße von Oudtshoorn über den Swartberg Pass nach Prince Albert.

Ranger begleiten Besucher auf Fußsafaris durch den Kruger-Nationalpark

4 Weiß und bissig Gansbaai bei Hermanus › S. 73 bietet die ultimative Unterwassererfahrung: Aug in Aug mit einem Weißen Hai! In einem Käfig taucht man vor Duyker Island ins Wasser ab. Weniger Mutige fotografieren die Haie vom Boot aus (www.sharkcagediving.co.za).

5 Das Glück der Erde liegt auf dem Rücken der Pferde. Davon kann man sich auf der Imhoff Farm bei Hout Bay › S. 67 überzeugen. Sie bietet täglich Ausritte auch für weniger erfahrene Reiter an (Dauer ca. 2 Std.), dabei geht es den Strand entlang und durch die Marschen zwischen Meer und Bergrücken (Kommetje, Tel. 082/774 1191, www.imhoff farm.co.za).

6 Wilde Wanderung Unter fachkundiger Leitung wandert man im Kruger-Nationalpark durch die Wildnis › S. 128. Vielleicht begegnet man auf einer eintägigen Tour vom Restcamp Berg-en-Dal im Süden des Parks sogar den Big Five. Auf keine andere Weise erlebt man die Tierwelt derart intensiv.

7 Fun in den Dünen 320 m geht es auf der Flanke der Drachendüne mit dem Sandboard hinunter › S. 89. Ob Profi oder absoluter Anfänger: Jeder kann es probieren und braucht nicht mal die Ausrüstung mitbringen (Dragon Dune, Mossel Bay, Tel. 082/971 1405, www.dragondune.com).

8 Unter Löwen und Schimpansen Warum seine Urlaubszeit nicht mal sinnvoll nutzen? Der Drakenstein

Ausritt am Nordhoek Beach bei Hout Bay

Lion Park bei Paarl › S. 69 bietet die Möglichkeit freiwilliger Mitarbeit bei der Versorgung von Raubkatzen und Affen. Man kann sich für eine Woche oder länger »verdingen« – muss allerdings dafür auch etwas bezahlen (www.lionrescue.org.za).

9 Grenzenlose Freiheit Kein Lüftchen scheint sich zu regen, wenn der Ballon mit dem Wind über die grünen Landschaften der Weinberge östlich von Kapstadt 📖 C8 gleitet. Die Fahrten starten täglich von November bis April, wenn die Sonne über den Horizont lugt (www.kapinfo.com).

10 Erlebnis Hochgebirge Der Blick vom Sani Pass (2873 m) auf die sich halsbrecherisch am steilen Hang hinunterwindende Piste ist ein besonderes Erlebnis, vor allem, wenn man selbst mit dem Allradfahrzeug heraufgefahren ist › S. 108. Sonst genießt man einfach die grandiose Landschaft.

... KOSTEN SOLLTEN

11 Fast Food Bunny Chow, ein ausgehöhltes, mit Curry gefülltes Brötchen, schmeckt am leckersten an einem Straßenstand in Durban Downtown › S. 109.

12 Austern im Winter Im Juli feiert Knysna das Austernfestival › S. 88. Jedes Lokal hat die Muscheln, die hier gezüchtet werden, dann auf der Speisekarte.

13 Grillen ohne Ende Grillen – Braai – ist in Südafrika ein Volkssport. Auf den Rost kommen alle Fleischsorten, besonders beliebt ist die schneckenförmige Boerewoers (Bratwurst). Die Läden der meisten Rastlager in den Parks halten alle Zutaten bereit.

Knysna ist bekannt für seine Austern

14 Windhoek Lager Das leichte Windhoek Lager aus Namibia zählt inzwischen auch in Südafrika zu den beliebtesten Bieren. Am besten mundet es am Lagerfeuer, kaufen kann man es in Bottle Stores.

15 Fischcurry am Strand Für Currygerichte ist Südafrika weithin berühmt. Unvergleichlich gut schmeckt Atlantikfisch als Curry im Restaurant Die Strandloper in Langebaan › S. 78.

16 Weißer Wein Auf dem Weingut M'hudi ▮ C8 keltert Familie Rangaka u. a. Sauvignon Blanc und Chenin Blanc – und gewann dafür bereits diverse Auszeichnungen. (Old Paarl Road, Stellenbosch, Tel. 738 33 2815, www.mhudi.com).

17 Total gesund Wo sonst sollte man ein Steak vom Strauß essen wenn nicht in Oudtshoorn, dem Zentrum der Straußenzucht? Das Fleisch ist nicht nur sehr fettarm, sondern auch zart und saftig. Sehr gut mundet es in den gemütlichen Räumen und auf der Terrasse des Restaurants Jemima's › S. 91.

18 Wirklich köstlich Reptilienfleisch mag nicht jedermanns Geschmack sein, doch Krokodil ist zart und feinfaserig, fast wie Geflügel. Probieren kann man das aus Zuchtfarmen stammende Fleisch im Carnivore in Johannesburg › S. 103.

19 Burenkost Im Dassiesfontein ▮ C8 nördlich von Hermanus wird

Grillen gehört zum südafrikanischen »way of life«

authentische Boerekos wie das traditionelle Gericht Bobotie (Auflauf mit Hackfleisch) in riesigen Portionen serviert – in der urig-gemütlichen Atmosphäre eines Farmladens, der alles verkauft, was nicht niet- und nagelfest ist (an der N 2 zwischen Caledon und Botrivier, www.dassies. co.za).

20 **Boer & Brit** »Spezialitäten« wie burische Skilpadjes (Lammleber im Fettnetz, auch Muis genannt) zusammen mit britischen Würstchen und Kartoffelpüree serviert am Mitchell's Pass bei Ceres █ C7 das Alte Zollhaus Tolhuis Bistro & Farmstall (Tel. 023/312 1211, www.ceres restaurants.co.za/tolhuis). Dazu gibt es Brötchen vom Grill (Roosterkoek).

21 **Hühnchen mit Schokolade** Südafrikanische Gerichte werden im Reader's Restaurant █ C7 in Tulbagh auf besondere Art und Weise interpretiert. Die Hühnchenbrust z. B. ist mit Schokolade gefüllt, der Lammstrudel kommt mit Tomatenchutney (www.readersrestaurant.co.za).

... BESTAUNEN SOLLTEN

22 **Zauber oder Medizin** Auf dem Zulu Muthi Market in Durbans Warwick Triangle erhält man alles, was den Körper gesunden lässt (wenn man dran glaubt) › S. 110. Fotografieren ist verboten, denn sonst verlieren die Heilmittel ihre Zauberkraft.

23 **Viktorianisches Ensemble** Mitten in der Großen Karoo ist Matjesfontein, 1884 gegründet, eines der stimmigsten, wenn auch kleinsten Ensembles viktorianischer Architektur. Die Royal Lounge im Lord Milner Hotel > S. 151 stammt noch aus dieser Zeit.

24 **Südlicher geht nicht** Nicht das Kap der Guten Hoffnung, sondern Cape Agulhas ist der südlichste Punkt Afrikas > S. 74. Im gleichnamigen Nationalpark begeistert die einzigartige Fynbosvegetation.

25 **Imperialismus** Das Denkmal von Cecil John Rhodes in den Company's Gardens in Kapstadt versinnbildlicht wie kein anderes kolonialistisches Ambitionen > S. 58. Mit dem linken Arm weist er nach Norden in Richtung seiner Landnahme und der Diamantenfunde: »Dort sollt ihr hin«.

26 **Vermächtnis der Holländer** Das Herrenhaus Groot Constantia > S. 65 zeigt kapholländische Architektur vom feinsten mit geschwungenen Schaugiebeln und tief herabgezogenen Strohdächern.

27 **Wo Haie Krokodile grüßen** Im iSimangaliso Wetland Park teilen sich Haie, Nilpferde und Krokodile ein Habitat > S. 115. Am ehesten kann man sie frühmorgens bei Sonnenaufgang beobachten.

28 **Kunst am Ostkap** Alles, was auf dem afrikanischen Kontinent in der

Nilkrokodile fühlen sich in Flüssen, Seen und Sümpfen wohl

darstellenden Kunst Rang und Namen hat, kommt im Juli zum National Arts Festival nach Grahamstown › S. 44. Tanz, Theater und Oper, Musik von Klassik bis Jazz, Film und Literatur locken jedes Jahr bis zu 200 000 Besucher an!

29 **Weiße Geschichte** Am 16. Dezember um 12 Uhr mittags beleuchtet die Sonne im Vortrekker Monument › S. 124 bei Pretoria durch eine kleine Öffnung die Inschrift auf der symbolischen Grabstelle: »Ons vir jou, Suid-Afrika« – »Wir für Dich, Südafrika«.

30 **Pracht aus Backsteinen** In Pietermaritzburg steht mit dem 1893 errichteten Rathaus › S. 109 und seinem 47 m hohen Turm der größte Ziegelbau der südlichen Hemisphäre. Weitere Backsteinvillen prägen das Stadtbild.

31 **Köpfe aus Keramik** Im Museum von Lydenburg/Mashishing › S. 125 erinnern die Lydenburg-Köpfe (um 500 n. Chr.) aus Terrakotta daran, dass schon lange vor dem Anlanden der Europäer im südlichen Afrika Hochkulturen existierten.

... MIT NACH HAUSE BRINGEN SOLLTEN

32 **Kräuter und Musik** Der KwaZulu Muti Shop › S. 101 in Johannesburgs Diagonal Street verkauft nicht nur Heilkräuter, sondern auch Trommeln in jeder Größe.

Giraffen aus Holz made in Südafrika

33 **Kunstvolle Keramik** Designer, Kunsthandwerker, Fotografen, aber auch Delikatessenläden und Restaurants sind in der Old Biscuit Mill ▮ C8 in Woodstock/Kapstadt versammelt. Besonders schöne Keramikarbeiten mit afrikanischen Mustern fertigt Clementina van der Walt (www.theoldbiscuitmill.co.za).

34 **Fleischige Chips** Für Biltong, luftgetrocknetes Rind- und Wildfleisch, hat jede Familie ihr Geheimrezept. In Streifen geschnitten muss man darauf herumbeißen, angenehmer ist es in Form von Chips. Man erhält es in Supermärkten und Metzgereien – und in Portionsbeuteln an Tankstellen.

35 **Hippos aus Holz** Holzarbeiten findet man auf den Märkten im ganzen Land und am Straßenrand der Überlandverbindungen. Gut ins Reisegepäck passen die kleinen Tierfiguren, z. B. die Big Five.

Die Puppen mit buntem Perlenschmuck werden von Ndebelefrauen gefertigt

36 **Allzweckgerät** Der gusseiserne Potjie mit seinen drei Beinen ist nicht nur für Eintöpfe auf offenem Feuer gut; wer mit ihm umzugehen weiß, bäckt darin Brot und Pizza. Man erhält ihn in Supermärkten und Farmläden.

37 **Musik ohne Ende** Im The African Music Store ▮ b5 erhält man den Überblick! Kwela z. B. entstand in den 1950er-Jahren in den Townships. Typisches Instrument ist die Pennywistle (62 Lower Main Road/Observatory, Kapstadt, www.facebook.com/TheAfricanMusicStore).

38 **Neues aus Altem** Am Greenmarket Square › S. 60 in Kapstadts Zentrum gibt es u. a. allerlei Kunstvolles aus Dosen, Kronenkorken, Draht, Plastikteilen und anderen Dingen, die normalerweise im Mülleimer landen.

39 **Perlen für die Lieben** Die Ndebele sind nicht nur für ihre farbenfrohen geometrischen Malereien an ihren Häusern bekannt, sie stellen ebenso bunten Schmuck aus Perlen her. Im Ndebele Cultural Village ▮ G3 von Mapoch 40 km westlich von Pretoria wird man fündig (www.ndebelevillage.co.za).

40 **Lederwaren** Taschen und Jacken aus Leder sind in Südafrika wesentlich billiger als in Europa, die Einfuhr ist erlaubt. Groß ist die Auswahl an Produkten aus Straußenleder vor allem in Oudtshoorn › S. 90.

41 Sanfte Pflanze The House of Aloes 🏠 D8 stellt Kosmetikprodukte auf Basis der Kap-Aloe (Aloe ferox) her – besonders gut geeignet gegen Hautalterung und Sonnenbrand (39 Industrial Road, Albertinia, zwischen Mossel Bay und Swellendam, Tel. 028/735 1454, www.aloe.co.za).

... BLEIBEN LASSEN SOLLTEN

42 Missweisung Auf sein GPS-Gerät sollte man nicht zu sehr vertrauen. Es weist zwar den direkten Weg, führt dieser aber durch eine Township, sollte man von der Route absehen und sich besser an der Straßenkarte orientieren.

43 Artenschutz missachten Auch wenn im südlichen Afrika ab und an Kontingente von Elfenbein für den Handel freigegeben werden – nach Europa darf man es nicht einführen, ebenso wenig wie Produkte aus Nashorn!

44 Elefanten verführen Zitrusfrüchte sind ein Leibgericht der Dickhäuter und sie können richtig wild werden, um an sie zu gelangen. Deshalb besser keine Zitronen, Orangen etc. in die Wildnis mitnehmen!

45 Regelübertritt In den Schutzgebieten mit Wildtieren darf man außerhalb der ausgewiesenen Zonen sein Fahrzeug nicht verlassen; man sollte sich auch keinesfalls aus dem Fenster lehnen.

46 Fotos mit Geotagging Da Wilderer Fotos in sozialen Netzwerken auswerten und so den Standort von Wild feststellen, sollte man keinesfalls die GPS-Funktion der Kamera einschalten.

47 Setzen – Sechs! Betritt man ein Lokal, heißt es warten, bis man an den Tisch geführt wird.

48 Fahrhektik Auch wenn Kleinbustaxis wegen eines potenziellen Fahrgastes gern einmal mehrere Fahrspuren queren: hupen und Gebärdensprache bringen da nichts.

49 Kein Trinkgeld Selbst wenn der Service im Restaurant unzureichend ist, darf man auf das Trinkgeld nicht verzichten – es ist fester Bestandteil des Arbeitslohnes.

50 Rauchzeichen In öffentlichen Gebäuden und auf Plätzen darf nicht geraucht werden.

Elefanten fressen 300 kg Pflanzen pro Tag

Der Lions Head gewährt einen phantastischen Rundumblick von Camps Bay und den Twelve Apostles über den Tafelberg bis Kapstadt.

REISEPLANUNG & ADRESSEN

DAS REISELAND IM ÜBERBLICK

Südafrika – das Land am Kap der Guten Hoffnung – begeistert mit einer
Vielzahl an Landschaften und Naturschönheiten, einem großen Tierreichtum und einer lebendigen Kultur.

Spektakuläre Bergformationen sind die Besonderheit des Royal Natal National Parks

Besuchermagnet im Südwesten ist **Kapstadt** samt seiner Umgebung und
den Winelands. Hier faszinieren herrliche Buchten vor traumhaften Felsku-
lissen, Naturreservate mit einer einmaligen Flora oder bizarren Bergformationen sowie alte Weingüter im typisch kapholländischen Stil. Hermanus ist
das Zentrum für die Walbeobachtung.

Als nicht zuletzt auch touristisch sehr gut erschlossenes Gebiet präsentiert sich der fruchtbare **Süden.** Die berühmte Garden Route von Mossel
Bay bis Port Elizabeth wartet mit langen Sandstränden, üppiger Vegetation,
felsigen Küsten und tiefen Schluchten auf. Im Hinterland locken spektakuläre Berge und eindrucksvolle Pässe sowie die Kleine Karoo mit ihrer unendlichen Weite. Oudtshoorn mit den Straußenzuchten und die einzigartigen Cango Caves sind vielbesuchte Anlaufpunkte.

Unterschiedlichste Natur- und Kulturerlebnisse bietet die Region im **Osten** Südafrikas. Bester Ausgangspunkt ist die Goldstadt Johannesburg. Südlich der hohen Berge des Königreichs Swaziland erstreckt sich die Provinz
KwaZulu-Natal, Heimat der Zulu, mit einigen der schönsten Wildparks,

dschungelähnlicher Landschaft im iSimangaliso Wetland Park und der phantastischen Bergwelt der uKhahlamba-Drakensberge, die zu Wanderungen einladen. Die «Battlefields» erzählen einen Großteil der südafrikanischen Geschichte. Viele gute Bademöglichkeiten findet man nördlich und südlich der Hafenstadt **Durban.** Die Felsküste der ehemaligen Transkei, die Heimat der Xhosa, ist auf wenigen Stichstraßen aus dem hügeligen Hinterland um Umtata zu erreichen.

Nur wenige Stunden von Pretoria/Tshwane im **Norden** Südafrikas entfernt liegen zwei der beliebtesten Urlaubsregionen des Landes: die Kleinen Drakensberge mit der Panoramaroute und der Kruger-Nationalpark. Imposante Bergformationen des Hochlandeswechseln wechseln sich mit Baum-Buschsavanne des Lowvelds ab, das bis zum Limpopo hin bis auf 400 m abfällt. Hier wohnt das Volk der VhaVenda, das einer traditionellen Lebensweise folgt. An der Grenze zu Zimbabwe zählt der Mapungubwe National Park mit seinen bedeutenden Ausgrabungen zu den jüngsten Reservaten des Landes. Nordwestlich von Pretoria reizt die ursprüngliche Waterberg-Region zu Touren mit Pferd oder zu Fuß. Von der Hauptstadt bietet sich auch ein Abstecher in den tierreichen Pilanesberg National Park und zur Kasino-Stadt Sun City an.

Die **zentrale Hochebene,** eine aus Steppe und Halbwüste bestehende Landschaft in einer Höhe von 1000–1800 m, bedeckt die größte Fläche des Landes. Kimberley und Johannesburg entstanden in dieser kargen Gegend nur wegen ihrer Diamanten- bzw. Goldvorkommen. Von Kimberley bietet sich eine Tour über Upington zu den Augrabies Falls an und weiter in den wildreichen Kgalagadi Transfrontier Park in der **Kalahari-Wüste.**

KLIMA & REISEZEIT

Zwei Meeresströmungen beeinflussen das Klima in Südafrika stark: Der kalte Benguela-Strom aus der Antarktis kühlt die Westküste am Atlantik kräftig ab. Der Agulhas-Strom erwärmt den Indischen Ozean.

Aufgrund der feuchten Luft herrscht ab Durban subtropisches Klima. Die meisten Niederschläge fallen hier im Sommer (Dezember/Januar). Am Kap treffen Atlantischer und Indischer Ozen aufeinander und sorgen für mediterranes Klima mit höheren Niederschlägen im Winter (Juli/August). 65 % der Landesfläche Südafrikas erhalten weniger als 500 mm Regen im Jahresdurchschnitt.

Südafrika hat das ganze Jahr über Saison. Im südafrikanischen Winter regnet es öfter am Kap, während sich das Highveld eines strahlend blauen Himmels erfreut. Diese Jahreszeit eignet sich wegen der lichten, trockenen

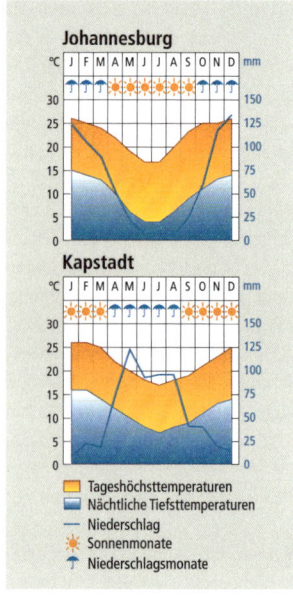

Tageshöchsttemperaturen
Nächtliche Tiefsttemperaturen
Niederschlag
Sonnenmonate
Niederschlagsmonate

Vegetation auch besonders gut zum Besuch von Nationalparks, die fern der Küste liegen, zum Beispiel des Kgalagadi- und des Kruger-Parks. Ideal dafür sind auch die Übergangszeiten Herbst (April bis Mai) und Frühling (September bis Oktober).

Für Urlaub während der Schulferien (Sommerferien Anfang Dez. bis Mitte Jan., Osterferien März/April, Winterferien Juni/Juli, Frühlingsferien Sept./Okt.) sollte man Unterkünfte unbedingt vorab reservieren, im Kruger-Park mindestens ein halbes Jahr vorher.

Im südafrikanischen Sommer steigen die Temperaturen im Tiefland auf über 35 °C im Schatten; an der Küste Natals ist es dann recht schwül. Wegen des warmen Agulhas-Stroms im Indischen Ozean haben die Badeorte bei Durban auch im Winter Saison.

Weil Südafrika auf der Südhalbkugel liegt, sind die Jahreszeiten spiegelverkehrt zu denen in Europa. Im Juli und August fällt in den Drakensbergen manchmal Schnee; die Temperaturen sinken dann nachts im Hochland bis auf −10 °C, steigen aber tagsüber auch im Winter auf rund 20 °C an.

ANREISE

Die Flughäfen von Johannesburg und Kapstadt werden täglich von Europa aus angeflogen.

SAA (South African Airways, www.flysaa.com) verkehrt tägl. u. a. ab Frankfurt/M., München, Zürich nonstop nach Johannesburg, ab London tägl. nach Kapstadt (Flugdauer 10–14 Std.). Lufthansa (www.lufthansa.de) verbindet Frankfurt/M. und München tägl. nonstop mit Johannesburg und Frankfurt mit Kapstadt. Condor (www.condor.com) fliegt zwei- bis dreimal die Woche von Frankfurt/M. nach Kapstadt. British Airways fliegt von London und KLM ab Amsterdam nach Johannesburg und Kapstadt, Etihad via Abu Dhabi, Emirates via Dubai und Qatar via Doha nach Johannesburg.

REISEN IM LAND

MIT DEM MIETWAGEN

Fahrer unter 23 Jahren müssen eine extra Gebühr bezahlen. Zusätzlich zum internationalen Führerschein sollte man die Mitgliedskarte seines Automobilklubs mitbringen; der angeschlossene südafrikanische AA berät und leistet Pannenhilfe (Tel. 083/843 22, www.aa.co.za). Oft ist es günstiger, schon vor der Abreise einen Mietwagen zu buchen – am besten mit unbegrenzter Kilometerzahl (ab 100 € pro Woche in der kleinsten Kategorie). Eine Kreditkarte erspart die Hinterlegung einer Kaution. Die Vergleichsplattform www.billiger-mietwagen.de erleichtert die Auswahl eines Autovermieters. Wohnmobile vermietet u. a. Maui, Tel. 011/230 5200, www.maui.co.za.

Die Straßen sind meist in gutem Zustand, die wichtigsten Strecken sind asphaltiert. An den Linksverkehr gewöhnt man sich schnell. Die Höchstgeschwindigkeit beträgt in Ortschaften 60–80 km/h, auf Landstraßen 100 km/h, auf Schnellstraßen und Autobahnen 120 km/h (z. T. Gebühr), in Naturparks 20–50 km/h. Vermeiden Sie Nachtfahrten! An Tankstellen (meist 24 Std. geöffnet) kann nicht immer mit Kreditkarte bezahlt werden.

MIT DEM FLUGZEUG

Etwa 20 Flughäfen in Südafrika werden täglich angeflogen. Neben SAA (www.flysaa.com), SA-Airlink (www.flyairlink.com) und SA-Express (www.flyexpress.aero) verkehren private Airlines. Wochenendflüge und Flüge nach Mitternacht sind meist preiswerter. Eine Vorausbuchung ist empfehlenswert.

O. R. Tambo Int. Airport ⚑ H3
Inlandsflüge Terminal B, internationale Flüge Terminal A. Minibusse und Taxis in die City.
• 24 km nordöstlich von Johannesburgs City | www.johannesburg-airport.com

Cape Town Int. Airport ⚑ C8
Regelmäßige Shuttlebusse in die Stadt.
• 20 km östlich von Kapstadt www.capetown-airport.com

King Shaka Int. Airport ⚑ J5
Shuttlebusse und Taxis in die Stadt.
• 35 km südlich von Durban www.kingshakainternational.co.za

Der Blue Train ist ein Luxushotel auf Rädern

Port Elizabeth International Airport 📱 F8
Taxis oder Hotelbusse in die Stadt.
• 6 km südlich von Port Elizabeth | www.portelizabethinternationalairport.co.za

MIT DEM BUS

Komfortable Busse von Greyhound, Intercape und Translux verbinden, oft auch über Nacht, die wichtigsten Großstädte. In den größeren Städten kann man sich über die Computicket-Büros einen Platz reservieren (zentral unter Tel. 0861/915 8000, www.computicket.com, Link Travel, Bus Tickets). Die Tarife sind günstig. Direkt von Tür zu Tür der Hostels in ca. 40 Orten zwischen Kapstadt und Johannesburg fährt der preiswerte und beliebte BAZ-Bus, Tel. 0861/229 287, www.bazbus.com.

MIT DER EISENBAHN

Die Eisenbahngesellschaft PRASA (www.shosholozameyl.co.za) verbindet alle wichtigen Städte und betreibt den Luxuszug **Blue Train** (Tel. 012/334 8459, www.bluetrain.co.za) zwischen Pretoria und Kapstadt sowie entlang der Garden Route, der schon Monate im Voraus ausgebucht ist (ab ca 1350 €/Person; Reservierung über Reisebüros). Am luxuriösesten ist der **Rovos Rail**. Der Nostalgiezug (Reservierung!) verkehrt auf den Strecken Pretoria–Kapstadt, Pretoria–Durban und nach Victoria Falls. Tel. 012/315 8242, www.rovos.com. Afrikanisches Flair und Ausflüge bietet der **Shongololo Safari Express** (Johannesburg, Kruger-N.P., Durban, Kapstadt). Infos & Buchung über deutsche Reisebüros (www.shongololo.com).

SPORT & AKTIVITÄTEN

Angesichts der grandiosen Natur und des angenehmen Klimas ist in punkto Aktivurlaub viel geboten.

GOLF

1882 wurde in Wynberg der erste Golfplatz eingeweiht; jetzt gibt es rund 460. In Sun City wird jedes Jahr das Million-Dollar-Tournament ausgetragen. Dort tummeln sich Krokodile am 13. Loch. Antilopen und Affen auf den Fairways trifft man im Sabi-Golf-Club beim Kruger-Nationalpark an. Andere Plätze liegen in traumhafter Landschaft: Milnerton bei Kapstadt bietet ein einmaliges Panorama, beim Wild-Coast-Platz 170 km südlich von Durban sind Dünen und Meer im Blickfeld. Infos: **South African Golf Association**, www.golfrsa.com; www.suedafrika-golf.de

WASSERSPORT

Trotz 2500 km Küste fällt die Wahl nicht schwer: Sehr beliebt zum

Schwimmen ist die Ostküste am warmen Indischen Ozean. Im subtropischen Norden von KwaZulu-Natal ist das ganze Jahr Badesaison (durchschnittl. 24 °C Wassertemperatur), an der Garden Route und am Kap von Oktober bis April. Zwischen Port Edward und East London und um Port Elizabeth findet man einsame Strände, doch werden an Flussmündungen ab und an Haie gesichtet. Die Strände um Durban sind mit Hainetzen gesichert.

Surfer, vor allem Anfänger, mögen die geschützte Algoa Bay bei Port Elizabeth und die Plettenberg Bay an der Garden Route; Jeffrey's Bay, Nahoon Point (East London) und das Kap sind bei Profis beliebt. Beste Bedingungen herrschen von Oktober bis April; der Dezember ist für Windaussetzer bekannt (www. wavescape.co.za).

Taucher kommen vor allem im iSimangaliso Wetland Park 300 km nördlich von Durban auf ihre Kosten; in der dortigen Sodwana Bay locken Korallengärten mit Höhlen und Überhängen. Wer Glück hat, wird im Sommer von Delfinen, im Winter von Walen begleitet.

WANDERN

Es gibt über 300 markierte Wanderwege, dazu zahllose Nature Trails in Reservaten. Die Auswahl reicht vom kurzen Spaziergang bis zum 137 km langen Outeniqua Trail an der Garden Route. Bergwanderer zieht es in die Drakensberge. Infos: **Hiking Federation,** www.linx.co.za/trails; **Mountain Club of South Africa,** www.mcsa.org.za.

Im Oktober beginnt die Surfsaison

SAFARIS ZU FUSS

Drifters Adventours H3
Wanderungen entlang der Wild Coast.
• Johannesburg | Tel. 011/888 1160
www.drifters.co.za

Tsakane Walking Safaris J3
Wandersafaris im Kruger-Nationalpark.
• Tel. 015/793 0719
www.tsakanesafari.com

FAHRRAD UND MOTORRAD

Eine der schönsten Strecken führt von Kapstadt bis Cape Point (ca. 55 km). Das sonstige Radwegenetz ist eher schlecht ausgebaut.

African Bikers C8
Touren mit Fahrrädern/Mountainbikes.
• Tel. 0721/91 58 29 44 (in D)
Kapstadt | Tel. 021/488 3000
www.africanbikers.de

South African Motorcycle Tours C8
• Constantia/Kapstadt
Tel. 05231/58 02 62 (in D)
www.sa-motorcycle-tours.com

EINE UNGEWÖHNLICHE KARRIERE

![Ntsiki Biyela]

Ntsiki Biyela genießt unter den Winzern/-innen Südafrikas einen besonders guten Ruf

Auch 1998 noch, vier Jahre nach Ende der Apartheid in Südafrika, musste frau schon hoch hinaus wollen, um als Angehörige der Volksgruppe der Zulu eine akademische Ausbildung in Angriff zu nehmen. Ntsiki Biyela gelang es – passend – mit einem Stipendium der staatlichen Fluggesellschaft. Und zwar für Weinwirtschaft! In Stellenbosch! Das Universitätsstädtchen östlich von Kapstadt war einst ein Hort der weißen Elite, Afrikaans die einzige Unterrichtssprache – und Ntsiki sprach bis dahin nur IsiZulu und Englisch.

Dann ging es Schlag auf Schlag: 2003 Abschluss als Önologin, 2004 Anstellung als »Winemaker« auf dem Weingut Stellekaya, 2006 Gewinn des renommierten Michelangelo Award für ihre erste Cuvée, 2009 Südafrikas beste Weinherstellerin des Jahres!

Nach 12 Jahren bei Stellekaya entschloss sie sich 2016 – in Somerset West im Herzen des Weinlandes – ihr eigenes Label zu gründen. Sie nannte es Aslina, nach ihrer Großmutter, die sie auf ihrem Weg maßgeblich unterstützt und so manche Träne getrocknet hatte. Die Trauben für ihre Weine besorgt sich Ntsiki von Winzern in der Stellenbosch-Region, wo sie bestens vernetzt ist. Immerhin war sie zweimal als einflussreichste Geschäftsfrau Südafrikas nominiert. Und ihr fachliches Wissen steht sowieso außer Frage.

Das Etikett ihres Labels zeigt eine Kalebasse voller Trauben, für Ntsiki Symbol der Verbindung afrikanischer Tradition mit Weinkultur. Vier Weine stellt sie derzeit her, drei Sortenreine und eine Cuvée, die ihr besonders am Herzen liegt – ihr Bordeaux.

Und wie geht es weiter? Ntsiki ist zu umtriebig, um sich auf ihren Lorbeeren auszuruhen. Sie erweitert ihre Kontakte international, arbeitet mit kalifornischen und französischen Winzern aus dem Bordeaux zusammen, studiert die Sangiovese-Traube in der Toskana, reist zu neuseeländischen Winzern und kümmert sich um den Nachwuchs, um junge Südafrikaner(innen), die sich auf einen Beruf in der Weinindustrie vorbereiten. Seit 2017 exportiert sie ihre Weine beinahe weltweit. Und für 2020 plant Ntsiki die Eröffnung ihres Tasting Rooms in Stellenbosch. Eine außerordentliche Karriere für eine Frau, die bis zu ihrem 20. Lebensjahr keinen einzigen Tropfen Wein getrunken hatte – und den ersten Schluck auch abscheulich fand.

💬 ZWEI FRAGEN AN NTSIKI BIYELA

Warum liegt Ihnen der Bordeaux so besonders am Herzen?
Das Bordeaux war das Ziel meiner ersten Auslandsreise. Da hatte ich aber noch keinen Abschluss als Önologin, da ging ich hin um zu lernen und in Kellereien zu arbeiten. Es war eine herrliche Zeit und vielleicht habe ich mich deswegen so in diese Landschaft und ihre Weine verliebt.

Welches Lokal empfehlen sie für ein stilvolles Dinner mit ihren Weinen?
In Jo'burg besuche ich regelmäßig das **Codfather** (Sandton, 3 Stan Road, www.thecodfather.co.za), in Cape Town sollte man unbedingt in die **Test Kitchen** gehen (Woodstock, 375 Albert Road, www.thetestkitchen.co.za) und in Stellenbosch finde ich das **Dalla Cia** hervorragend (Bosman's Crossing, 7 Distillery Street, www.dallacia.com).

UNTERKUNFT

Die Auswahl an Hotels, Gästehäusern und Pensionen ist groß; die Preise liegen bis zu einem Drittel unter denen vergleichbarer Häuser in Europa.

In der Hochsaison (Ostern; Oktober bis Februar) ist eine Reservierung, besonders an der Küste und in den Wildreservaten, unerlässlich. Das **Tourism Grading Council of South Africa** (TGCSA) sorgt für die Ein- bis Fünfstern-Qualifizierung aller Unterkünfte (www.tourismgrading.co.za).

HOTELS

Einen Hotelführer (Accommodation Guide) mit Klassifizierung verschickt South African Tourism › S. 153. Wichtige Hotelketten:

City Lodge
Komfortable Hotels, meist mit Pool, häufig im Zentrum, mittlere Preiskategorie.
• Tel. 0800/11 3790
www.clhg.com

Protea Hotels
Etwa 80 Hotels der mittleren bis sehr guten Kategorie im ganzen Land.
• Tel. 0861/11 9000
http://protea.marriott.com

Portfolio Collection
Die Portfolio Collection ist ein Zusammenschluss ausgesuchter Gästehäuser, Landhotels, Lodges und Pensionen aus den unterschiedlichsten Preissegmenten; jeder Betrieb bietet etwas Besonderes (z. B. ausgesprochen schön gelegen oder in der Ausstattung herausragend).
• Tel. 021/250 0015
www.portfoliocollection.com

Tsogo Sun Hotels
Kette mit einem umfangreichen Angebot an Hotels.
• Johannesburg
Tel. 011/461 9744 (in Südafrika)
www.tsogosun.com

BED & BREAKFAST

In Südafrika gibt es zahlreiche Bed & Breakfast-Betriebe in allen Preissegmenten, von sehr einfach bis überaus luxuriös. Dort zu nächtigen garantiert fast immer auch einen engen Kontakt zu Land und Leuten und gute Ratschläge für Unternehmungen. Auf www.bnbfinder.co.za wird man sicherlich fündig.

JUGENDHERBERGEN

Allein in Kapstadt stehen 20 Backpacker Hostels, in denen ein Bett im

Mit Auto und Dachzelt ist man unabhängig

Schlafsaal um 200 Rand kostet, zur Verfügung. Einige Hostels bieten auch Doppelzimmer an. Einen guten Überblick über günstige Unterkünfte im Land gibt das kostenlose Heft **Coast to Coast Backpackers Guide,** www.coastingafrica.com.

CAMPING

Über 800 meist gut ausgestattete und schön gelegene Camping- und Caravanplätze stehen zur Auswahl, viele verfügen auch über Holzhütten (Rondavels). Infos: www.cara vanparks.com.

UNTERKÜNFTE IN NATIONALPARKS

Die Unterkünfte in den Schutzgebieten – von luxuriösen Lodges bis zu rustikalen Selbstversorgercamps und Campingplätzen – sind in der Regel günstig und sehr komfortabel. In viel besuchten Parks wie dem Kruger-Nationalpark muss man einige Monate im Voraus reservieren. South African National Parks in Pretoria unterstehen 19 Nationalparks. In Pietermaritzburg verwaltet Ezemvelo KZN Wildlife ca. 80 Wildschutzgebiete in Natal. Eine Nacht in privaten Reservaten ist teuer (ab 400 €/Pers. inkl. Vollpension und Safaris).

South African National Parks
- P. O. Box 787 | Pretoria 0001
  Tel. 012/428 9111
  www.sanparks.org

Ezemvelo KZN Wildlife
- P. O. Box 13069 | Cascades 3202
  Tel. 033/845 1000
  www.kznwildlife.com

DIE SCHÖNSTEN HOTELS

- Das preisgekrönte Hotel **Winchester Mansions** in kapholländischem Stil sticht an der schönen Promenade von Sea Point in Kapstadt weit heraus. › S. 63
- Das 1871 erbaute **Hout Bay Manor** wurde mit viel Gespür für Farben und Details liebevoll restauriert. Eine Wohlfühloase fünf Minuten vom Strand von Hout Bay entfernt. › S. 68
- Inmitten des Paarl Valley liegt das luxuriöse **Grande Roche** auf einem traumhaft schönen Weingut. Hier ist auch exzellentes Essen mit feinen Tropfen garantiert. › S. 70
- Aus den Zimmern des alten schlichten Familienhotels **Windsor** direkt an der Küste von Hermanus lassen sich Wale beobachten – absolut spektakulär. › S. 73
- Das **Falcons View Manor** liegt hoch über Knysna mit einem herrlichen Blick über die Bucht. › S. 88
- Eine stimmungsvolle Übernachtung bietet das historische **Royal Hotel** in Pilgrim's Rest. Die viktorianischen Gebäude wurden hierher gebracht und original wieder zusammengebaut. › S. 126
- Im **Blyde Mountain Country House** nächtigt man im Luxus elegant eingerichteter Chalets mit Blick auf den Blyde River. › S. 127

Gute Stimmung ist angesagt bei den Konzerten in den Kirstenbosch Botanical Gardens bei Kapstadt

LAND & LEUTE

STECKBRIEF

- **Lage:** Zwischen 22. und 35. südlichen Breitengrad
- **Fläche:** 1 221 037 km^2
- **West-Ost-Ausdehnung:** 1500 km
- **Nord-Süd-Ausdehnung:** 1100 km
- **Bevölkerung:** ca. 55 Mio.
- **Bevölkerungswachstum:** 1,5 %
- **Bevölkerungsdichte:** 46 Einw./km^2 (zwischen 2 und 3000 Einw./km^2)
- **Arbeitslosenquote:** offiziell ca. 28 %, inoffiziell ca. 35 %
- **Amtssprachen:** Englisch und Afrikaans. Weitere neun offizielle Sprachen; die wichtigste ist Zulu.
- **Provinzen:** Gauteng, North West, Limpopo, Mpumalanga, Free State, KwaZulu-Natal, Eastern Cape, Western Cape, Northern Cape
- **Touristen:** ca. 10 Mio. (2017)
- **Landesvorwahl:** 00 27
- **Währung:** Südafrikanischer Rand
- **Zeitzone:** MEZ +1 (während der europäischen Sommerzeit gleich MEZ)

POLITIK UND VERWALTUNG

Mit der 1994 erstmals nach der Apartheitszeit von allen Südafrikanern gewählten Regierung unter Führung des ANC › S. 37 hat sich die politische Landkarte geändert. Heute ist Südafrika in neun Provinzen gegliedert, die jeweis ein Landesparlament und und eine Landesverfassung haben. Den Präsidenten wählt das Parlament, bestehend aus der direkt gewählten Nationalversammlung und dem Senat mit Vertretern der Provinzen.

Die Spaltung des ANC seit 2008 und die wiederholt schweren Korruptionsvorwürfe gegen führende Politiker belasten die Innen- und Außenpolitik.

WIRTSCHAFT

Südafrika produziert heute über die Hälfte aller industriellen Erzeugnisse des gesamten Kontinents. Die Goldfunde führten v.a. im Großraum von Johannesburg zu einer extremen Wirtschafts- und Bevölkerungskonzentration. Südafrika besitzt rund die Hälfte der weltweiten Goldreserven, sogar über 80 % der Manganvorkommen. Wichtigster Energieträger ist die Steinkohle, derzeit leidet das Land unter unzureichender Energieversorgung. Da Südafrikas Banken nur einen kleinen Teil ihrer Mittel außerhalb des afrikanischen Kontinents anlegen dürfen, ist das Land von der Finanzkrise wenig betroffen. Die Wirtschaftslokomotive Afrikas funktioniert relativ gut dank Zollunion mit den Nachbarstaaten und dem Einsatz von Fremdkapital, gerade auch der deutschen Wirtschaft.

BEVÖLKERUNGSGRUPPEN

Noch heute ist die zu Apartheidzeiten geschaffene Einteilung der Bevölkerung in folgende Gruppen üblich: 80 % der Einwohner Südafrikas zählen sich zur schwarzen Bevölkerung. Sie gehören neun verschiedenen Bantuvölkern mit ebenso vielen offiziellen Sprachen an. Größtes südafrikanisches Volk sind die **Zulu** – rund 13 Mio. Menschen, etwa 25 % der Schwarzen. Sie siedeln überwiegend in KwaZulu-Natal und im Großraum Johannesburg. Zahlenmäßig folgen die **Xhosa** (10 Mio.); sie leben meist zwischen Port Elizabeth und Durban. Zu den **Nord-** und **Süd-Sotho** gehören 8 Mio. Menschen. Es folgen **Tswana** (4,5 Mio.), **Tsonga** (2,2 Mio.), **Swasi** (1,2 Mio.), die **Ndebele** (1 Mio.) östlich von Johannesburg und die **Venda** (1 Mio.) im äußersten Nordosten. Die meisten Schwarzen leben in den ländlichen Gebieten der ehemaligen zehn Homelands oder auf engstem Raum in den Townships am Rand der Städte.

Rund 5 Mio. Südafrikaner, v. a. in der Kapprovinz und in Kapstadt, sind Kinder schwarz-weißer Paare, oftmals noch als **Coloureds** (Farbige) bezeichnet. Zu ihnen zählen auch die rund 300 000 Kapmalaien, Nachkommen der Sklaven, die vor rund 350 Jahren ans Kap gebracht wurden.

Auch die 5 Mio. **Weißen** (8,9 % der Bevölkerung) sind unterschiedlicher Abstammung. Die Südafrikaner niederländischer Herkunft – die Buren – kamen Mitte des 17. Jhs. als erste Europäer. Ihnen folgten ab 1820 Siedler aus Großbritannien. Beide Gruppen bekämpften sich in den Burenkriegen unerbittlich. Ca. 1 Mio. Deutschstämmige leben heute in Südafrika, daneben Franzosen, Italiener.

Zu den etwa 1,5 Mio. **Asiaten** zählen die Inder, deren Vorfahren ab 1860 auf den Zuckerrohrplantagen von Natal arbeiteten. Ihre Nachfahren beherrschen heute einen großen Teil des Handels; ihr Zentrum ist Durban. Vor allem um Johannesburg siedelten sich Chinesen an; sie kamen Ende des 19. Jhs. als Bergarbeiter.

Einst zogen die **San** als Jäger und Sammler im Landesinneren umher und schufen kunstvolle Felszeichnungen. Heute leben nur noch ca. 250 San in der Kalahari.

Beim Friseur in einer Township

GESCHICHTE IM ÜBERBLICK

Etwa 8000 v. Chr. Die San leben als Jäger und Sammler im Südwesten des südlichen Afrika, ab 400 erreichen erste Bantu-Völker das östliche Südafrika.

1488 Bartholomeu Diaz umschifft das Kap und landet in Mossel Bay.

1652 Jan van Riebeeck richtet am Kap eine Versorgungsstation für die Holländische-Ostindien-Kompanie ein und gründet damit Kapstadt.

1795 und **1806** erobern die Briten das Kapland.

1836–1854 Über 16 000 Buren vom Kap nach Norden, um britischer Bevormundung zu entkommen. Sie siedeln in Natal und Transvaal. 16. Dez. 1838: Schlacht zwischen »Voortrekkern« und Zulu am Blood River. Die Buren gründen im Transvaal und Oranje-Freistaat eigene Staaten.

1848 Natal wird britische Kolonie.

1857 5000 Deutsche kommen an.

1867 Beginn der Diamantenförderung bei Kimberley. Die Briten besetzen die Diamantenfelder.

1880–1881 Paul »Ohm« Kruger führt die Buren zum Sieg gegen die Briten und wird erster Präsident von Transvaal, das unter britischer Oberhoheit bleibt.

1899–1902 Zweiter Burenkrieg mit über 26 000 toten Zivilisten; die Buren werden geschlagen. Kruger sucht Unterstützung in Europa, er stirbt 1904 in der Schweiz.

1910 Transvaal und Oranje-Freistaat sowie die britischen Kolonien Natal und Kap verschmelzen zur Südafrikanischen Union. Louis Botha, Premier von Transvaal, wird Premierminister.

1912 Gründung des ANC (African National Congress), der ersten Partei für Schwarze.

1913 Beginn der Apartheidpolitik mit der Einführung von getrennten Wohngebieten für Schwarze.

1950–1953 Die Apartheid wird durch Erlasse (Acts) festgeschrieben. Den Schwarzen wird 1951 zudem das Wahlrecht entzogen.

1960 Am 21. März erschießt die Polizei 69 Teilnehmer einer Demonstration gegen die Passgesetze in Sharpeville/Transvaal. Der ANC wird verboten.

1964 Nach der Festnahme des ANC-Vorsitzenden Nelson Mandela 1962 und der Verurteilung zu fünf Jahren Haft wird das Urteil wegen »Hochverrats und Sabotage« in eine lebenslange Freiheitsstrafe umgewandelt.

1976 Schülerproteste am 16. Juni in Soweto gegen Afrikaans als Unterrichtssprache. Die Polizei erschießt zwei Kinder; es beginnt ein landesweiter Widerstand, der mindestens 600 Tote fordert.

1983 Reformen durch internationalen Druck: Mischlinge und Asiaten erhalten mehr Rechte. In den folgenden Jahren Aufhebung des Verbots von Mischehen und Abschaffung der Passgesetze.

1984 Friedensnobelpreis für Erzbischof Desmond Tutu.

1989 Rücktritt von Präsident Botha, Frederik Willem de Klerk wird sein Nachfolger.

1990 Am 2. Februar kündigt Präsident de Klerk die Freilassung von Nelson Mandela an. Der Ausnahmezustand wird beendet, Organisationen wie der ANC sind wieder zugelassen.

1993 Präsident de Klerk und Nelson Mandela erhalten gemeinsam den Friedensnobelpreis; die Wirtschaftssanktionen gegen Südafrika werden aufgehoben.

1994 Erste freie und allgemeine Wahlen. Mandelas ANC gewinnt sie mit 62 %; de Klerks National Party (NP) kommt nur auf 20 %. Am 10. Mai wird Nelson Mandela als erster schwarzer Präsident Südafrikas vereidigt.

1996 ANC und NP beschließen eine neue Verfassung. Die NP geht nach 48 Regierungsjahren in die Opposition, 2005 löst sie sich auf.

1998 Die Wahrheitskommission bringt weitere Menschenrechtsverletzungen ans Tageslicht.

1999 Wahlen nach der neuen Verfassung. Thabo Mbeki wird Nachfolger von Nelson Mandela.

2001 Die Anti-Aids-Kampagne klagt gegen die Regierung wegen unterlassener Hilfeleistung.

2004 Bei den Parlamentswahlen erzielt der ANC mit fast 70 % der Stimmen die Zweidrittelmehrheit.

2007 Helen Zille, Bürgermeisterin von Kapstadt, wird Präsidentin der liberalen Oppositionspartei Demokratische Allianz (DA).

2008 Präsident Thabo Mbeki tritt auf Drängen des ANC zurück.

Nelson Mandela (1918–2013)

2009 Bei den Parlamentswahlen gewinnt der ANC. Der umstrittene Jacob Zuma wird Staatspräsident.

2010 Südafrika richtet die Fußballweltmeisterschaft aus.

2012 Massenstreiks wegen steigender Arbeitslosenzahlen.

2013 Am 5. Dezember verstirbt Nelson Mandela.

2014 Bei den Parlamentswahlen erhält der ANC 62 % der Stimmen, Zuma bleibt Staatspräsident. Am 13. Juli verstirbt Nadine Gordimer.

2016/17 Das südliche Afrika trifft eine Jahrhundertdürre.

2018 Zuma tritt wegen andauernder Korruptionsvorwürfe zurück. Neuer Präsident wird der ANC-Vorsitzender Cyril Ramaphosa.

NATUR & UMWELT

Südafrika bildet nur ein Prozent der Landmasse der Erde, aber das Land ist eine »Arche Noah«, in der zehn Prozent aller Pflanzen-, acht Prozent aller Vogel- und fast sechs Prozent aller Säugetierarten beheimatet sind.

Rund 300 Säugetiere – von der winzigen Pygmäenmaus über Antilopen und Löwen bis zu den großen Landsäugetieren wie Elefant, Nashorn, Nilpferd – leben hier. Nationaltiere sind der **Springbock** und der **Paradieskranich.**

Der Tierreichtum ist jedoch nur noch ein Rest meist riesiger Herden, die vor 300 Jahren bei Ankunft der europäischen Siedler durchs Land zogen. Der Mensch hat einige Tierarten völlig ausgerottet. Dazu gehören der **Kaplöwe** und das **Quagga**, eine Zebraart, ebenso wie die **Blaue Antilope.**

Durch die Einrichtung von Schutzgebieten konnten in letzter Minute einige bedrohte Tierarten gerettet werden. Zu ihnen gehören Spitz- und Breitmaulnashörner, Buntböcke und Afrikanische Wildhunde. Stark gefährdet sind Krokodile und Riesenschildkröten, beispielsweise die über 100 kg schweren Lederschildkröten in Natal. Im Land existieren ca. 200 verschiedene Echsen- und etwa 130 Schlangenarten, von denen aber nur die wenigsten für den Menschen wirklich gefährlich oder gar lebensbedrohend sind. In Acht nehmen sollte man sich jedoch vor der Grünen und Schwarzen Mamba sowie der Puffotter, die im Gegensatz zu ihren Artgenossen nicht flüchtet.

Der Reigen von über 900 Vogelarten reicht vom halbfingerkleinen **Malachit-Nektarvogel** bis zum flugunfähigen Vogel **Strauß.** Einige Schutzge-

Nilpferde tummeln sich gerne im Wasser, obwohl sie schlecht schwimmen können

biete, so der Kgalagadi Transfrontier Park, gehören zu den letzten Refugien vieler Greifvogelarten wie **Adler** und **Geier.** Die tropische Wasserlandschaft des Maputalandes an der Küste von KwaZulu-Natal ist Brutstätte von **Pelikanen** und **Flamingos;** allein im Mkuzi-Wildreservat leben über 400 Vogelarten.

Meerestiere zeigen sich durch das nährstoffreiche Wasser besonders entlang der Westküste in großer Artenvielfalt. Vor der Südküste kann man zwischen Juni und November **Pottwale** und **Blauwale** zu Gesicht bekommen. Die Korallenriffe des Indischen Ozeans bilden ein weit verzweigtes Ökosystem mit Langusten und Skorpionsfischen, bunten Falter- und Wimpelfischen – und auch Haien. Die Badestrände um Durban sind aber durch stabile Hainetze völlig sicher.

Mit rund 24 000 verschiedenen Blütenpflanzen (davon allein 700 Baumarten) bricht Südafrika alle botanischen Rekorde. Das gilt vor allem für die Pflanzenvielfalt am Kap. Auf weniger als 70 000 km² wachsen 8000 Pflanzenarten; fast drei Viertel von ihnen sind endemisch. Die **Fynbos** (was soviel wie Macchia bedeutet) genannte Vegetationszone im Süden besteht aus 600 verschiedenen Erikaarten, Geophyten (Zwiebel- und Knollengewächse) sowie 85 Proteenarten, darunter die **Königsprotea,** die Nationalblume des Landes. Viele Pflanzen der Kapflora sind nach Europa gebracht worden, zum Beispiel Geranien, Lilien, Gladiolen, Iris und Fresien.

IMPOSANTE LANDSCHAFTEN

- Abgelegener geht es fast nicht mehr in Südafrika. Im äußersten Norden an der Grenze zu Namibia erstreckt sich die wüstenhafte Landschaft des **Richtersveld National Park.** Als grenzübergreifender Park bildet er mit dem namibischen Schutzgebiet von Ai-Ais jenseits des Oranje rund um den Fish River Canyon eine Einheit. Man mag kaum glauben, dass in dieser absolut einsamen und unwirtlichen Gegend Pflanzen und Tiere überleben können. > S. 78

- Fast noch ein Geheimtipp sind die **Cederberge** am West-Kap, eine grandiose Gebirgslandschaft mit schroffen, bis zu 2000m hohen Gipfeln und tiefen bewaldeten Tälern, in der es sich hervorragend wandern lässt. Wer sich auf den Weg zu den Höhen begibt, wird hier und da an den steilen Hängen noch eine Clanwilliam-Zeder sehen, die Namensgeberin des Gebirges. > S. 76

- Wer durch Lesotho fährt, wandert oder mit Pferden trekkt, erlebt auf über 2000 m eine sattgrüne Hügellandschaft und einen Himmel, der nirgends sonst auf der Welt so klar und blau ist. Die Einsamkeit, die unverfälschte Natur und das überaus beeindruckende Gebirgspanorama sind die Trümpfe des »Königreichs im Himmel«. > S. 142

In der Wüste des Richtersveld im Nordwesten gedeihen die meisten Sukkulenten – Wasser speichernde Pflanzen wie **Köcherbäume** und **Lithops** (»Lebende Steine«). Bizarre **Baobabs** (Affenbrotbäume) mit mächtigen Stämmen überragen die Grassavanne im Nordosten von Transvaal. Pretoria überzieht im Oktober zur Blütezeit der **Jakarandabäume** ein violetter Schleier. Diese »Exoten« sind im 19. Jh. aus Südamerika eingeführt worden, ebenso wie Bougainvillea, Hibiskus und Azalee.

DIE MENSCHEN

Von 1913 bis zur Wahl im April 1994 bestimmte in Südafrika die Hautfarbe das gesamte Leben: die Wahl des Wohnorts, der Schule, des Transportmittels, Arbeitsplatzes etc.

Wenn auch die gesetzlich verankerte Rassendiskriminierung abgeschafft ist – die soziale Apartheid wird noch lange bestehen bleiben. An den Schaltstellen in Industrie und Wirtschaft sitzen oft Weiße. Weiterhin sind viele Schwarze auf das Know-how der Weißen angewiesen, die ihrerseits ohne das Potenzial an Arbeitskräften und Käufern nicht existieren könnten. Während die Kriminalität in Bereichen wie Mord sinkt, steigen Drogendelikte dramatisch an. Geradezu katastrophal wirkte sich die zögerliche Aidsbekämpfung der Regierung aus, die HIV-Infektionsrate ist eine der höchsten weltweit.

AUFBRUCH ZU SOZIALER GERECHTIGKEIT

Nur in wenigen Ländern der Erde ist die Kluft zwischen Arm und Reich so groß wie in Südafrika. Besonders für die schwarze Bevölkerung fehlt es nach wie vor an Wohnungen, Kliniken und Schulen. Das »Reconstruction and Development Programm« soll dazu beitragen, die krassen sozialen Unterschiede zu beseitigen. Neben der Senkung der Einkommensteuer für Geringverdiener und der wirtschaftlichen Stärkung von Kleinunternehmen vor allem für Schwarze (»Black Economic Empowerment«) wird die Einführung einer allgemeinen monatlichen Grundsicherung für die Bevölkerung diskutiert (»Basis Income Grant-BIG«). Auch in der Bildungspolitik unternimmt die Regierung erhebliche Anstrengungen. Der Weg zu einer sozial gerechteren Gesellschaft ist aber noch lang.

RELIGION

Über die Jahrhunderte hinweg haben Missionare ganze Arbeit geleistet – rund 80 % aller Südafrikaner sind Christen, aufgeteilt auf unterschiedlichste Kirchen. Die Quasi-Staatskirche der Buren (die Niederländisch-Reformierte Kirche, NG-Kerk) reflektierte nicht nur deren streng calvinistische Lebensform, sondern unterstützte auch die Apartheid. So gab es innerhalb der NG-Kerk gemäß der zur gottgewollt deklarierten Sozialordnung vier Gruppen: Weiße, Farbige, Inder und Schwarze. Als »Kirche ohne Weiße« wurde schon 1910 die Zion Church gegründet, denn wenigstens dort fanden ihre Mitglieder Anerkennung und Verständnis. Die meisten Glaubensgemeinschaften der Schwarzen verbinden christliche mit traditionell afrikanischen, animistischen Glaubensvorstellungen. Der Anteil von Hindus und Muslimen an der Bevölkerung ist mit rund 1,6 Mio. eher gering. Etwa 80 000 sind jüdischen Glaubens.

KUNST & KULTUR

KUNSTHANDWERK

Die kunsthandwerklichen Fähigkeiten der schwarzen Völker Südafrikas kommen vor allem bei Alltagsgegenständen und der Kleidung zum Ausdruck. Portugiesische Händler brachten ab dem 17. Jh. farbige Glasperlen zunächst als Tauschobjekte ans Kap, welche die zur Dekoration dienenden Lehmkügelchen bald ersetzten. Vor allem die Zulu und Xhosa haben diese Glasperlenarbeiten fantasievoll ausgestaltet; sie zieren Stöcke, Töpfe und vor allem Kleidungsstücke, sogar Tiere oder Figuren werden daraus gefertigt.

Holz-, Flecht- und Tonarbeiten gehören zu den typischen Produkten des südafrikanischen Kunsthandwerks. Aus Gras oder Palmblättern geflochtene Körbe und Schalen kommen meist aus KwaZulu-Natal. Tontöpfe aus Venda sind oft mit geometrischen Mustern verziert, die in den feuchten Ton geritzt werden. Skulpturen aus Holz findet man überall auf Märkten, ebenso dekorative Gegenstände aus Draht, von Schalen und Bilderrahmen bis zu CD-Ständern.

Holzschalen werden von Hand gefertigt und bemalt

ARCHITEKTUR

Die ersten holländischen Einwanderer schufen schon bald nach ihrer Ankunft 1652 den Cape Dutch Style, den **kapholländischen Baustil.** Charakteristika der strohgedeckten, strahlend weiß gekalkten Häuser sind klare Formen mit sparsamer

Stuckverzierung und Mittelgiebel in der Hauptfassade. Der Grundriss änderte sich von rechteckig über L-, T- und H-Formen bis zur U-Form. Ab Mitte des 18. Jhs. wurden die Giebeldächer oft durch Flachdächer ersetzt. Prächtige Häuser im kapholländischen Stil kann man heute in Groot Constantia bei Kapstadt und den alten Orten Stellenbosch, Paarl und Swellendam bewundern.

Burische Heldenarchitektur zeigt sich monumental im Voortrekker Monument bei Pretoria › S. 124. Nach der Einwanderung der Briten ab 1806 wurden georgianische, dann **viktorianische Stilelemente** importiert; in Oudtshoorn und Kimberley sind noch viele Häuser mit den typischen schmiedeeisernen Gittern und weißen Holzbalkonen erhalten. Öffentliche Bauten, die oft mit monumentalen Säulen ausgestattet wurden, sind meist nur Kopien der Originale in Europa; auch der berühmte Architekt Sir Herbert Baker, der u. a. die Union Buildings in Pretoria schuf, entwickelte nichts wirklich Eigenständiges.

Die kunstvollen **Rundhütten** der schwarzen Völker sind in den ländlichen Gebieten bei den Venda sowie bei den Sotho, Zulu und Xhosa zu bewundern. Die Ndebele schmücken die Wände ihrer grasgedeckten Lehmhütten mit farbigen geometrischen Malereien. Bei den heutigen modernen Häusern der Schwarzen werden die herkömmlichen Baumaterialien zunehmend durch Wellblech ersetzt; das bedeutet nicht nur, dass jede Isolierung gegen Hitze oder Kälte fehlt, sondern symbolisiert auch den wachsenden Werte- und Traditionsverlust.

MALEREI UND BILDHAUEREI

Aus der Tradition europäisch-romantischer Landschaftsmalerei löste sich als eine der ersten **Irma Stern** (1894–1966), der in Kapstadt ein Museum gewidmet ist (www.irmastern.co.za). Schwarze Künstler wie der »Vater der Township-Kunst«, **Gerard Sekoto** (1913–1993), erhielten ab 1940 Aufmerksamkeit, doch erst in den letzten Jahren gebührende Anerkennung.

Der deutschstämmige Holzbildhauer **Anton Anreith** (1754–1822) schmückte u. a. die Groote Kerk in Kapstadt aus. Der Künstler **Jackson Hlungwani** (1923–2010) wurde Priester und schnitzte zahlreiche rituelle Gegenstände. Star der Moderne ist **William Kentridge** (geb. 1955), der sich mit Animationsfilmen zur sozialen Situation Südafrikas einen Namen gemacht hat. Starke Förderung und der weltweite Boom afrikanischer Kunst verwandelten Südafrika in ein Kunst-Dorado.

LITERATUR

Nadine Gordimer (1923–2014), die Grande Dame der südafrikanischen Literatur, erhielt 1991 den Nobelpreis. In mehr als einem Dutzend Romanen, zahlreichen Essays und Kurzgeschichten beschrieb sie die Zerrissenheit ihres Landes und die Folgen der Politik für die Menschen.

Afrikaans hat schon früh den Status der Literatursprache erhalten. Auch einige der glühendsten Bekämpfer der Apartheid schrieben ihre Bücher in Afrikaans: **Breyten Breytenbach** (geb. 1939), **John Coetzee** (geb. 1940; Literaturnobelpreis 2003) und **André Brink** (1935–2015), um nur drei wichtige Namen zu nennen.

Die Literatur der Schwarzen hat **Thomas Mofolos** (1876–1948) mit seiner Biografie des Zuluherrschers Shaka begründet. Autoren wie **Mbulelo Mzamane** oder **Miriam Tlali** haben die Apartheid literarisch verarbeitet. Weltweit gespielt werden die Stücke des Dramatikers **Athol Fugard** (geb. 1932). Auf einem seiner Romane beruht der 2006 mit einem Oscar ausgezeichnete Film »Tsotsi«, der in Johannesburg spielt. In die Kriminalwelt des modernen Südafrika entführen die Romane von **Deon Meyer** (geb. 1958), die durchwegs Welterfolge wurden.

MUSIK

Die traditionelle Musik hat sich seit Jahrhunderten nicht verändert, Trommeln, Flöten, auch Xylophone geben Ton und Rhythmus an. Eine Reihe zeitgenössischer schwarzer Musiker lässt althergebrachte Instrumente und Sequenzen in ihre Arbeit einfließen; zu hören ist dies bei der Zulumusik der Gruppe **Bayete** und bei dem 2007 verstorbenen Reggaesänger **Lucky Dube.**

Über Jahre hinweg war **Miriam Makeba** (1932–2008) die Botschafterin des schwarzen Südafrika. Die im Exil lebende Sängerin kehrte nach der Wende in ihr Heimatland zurück – wie auch der bedeutende Jazzmusiker **Abdullah Ibrahim.** Der englische Popmusiker **Johnny Clegg** hat sich Südafrika zur Wahlheimat erkoren und schon zu Apartheidzeiten mit gemischtrassigen Bands Furore gemacht. Auch die international erfolgreiche Pop-Gruppe **Antwoord** bewegt sich auf dem Grat zwischen Trash und Ironie.

Kwaito-Musik, ein Mix aus Jazz und Hip-Hop, ist der angesagte Beat in den Townships

FESTE & VERANSTALTUNGEN

Das ganze Jahr über finden in Südafrika bedeutende Feste statt. South African Tourism > S. 153 verschickt detaillierte Programme.

FESTKALENDER

März: Cape-Minstrel-Karneval. Bunter Straßenkarneval in Kapstadt. Info: Kaapse Karnaval Association, www.capetown carnival.com.

April: Klein Karoo National Arts Festival in Oudtshoorn. Riesiges Festival mit Musik, Tanz, Theater und Kunstmarkt. www.kknk.co.za

Juli: National Arts Festival in Grahamstown. Bedeutendstes Kunst- und Musikfestival des Landes seit 1974. Tel. 046/603 1103, www.nationalartsfestival.co.za. > mehr S. 17 Punkt **28**

Juli/August: Wine Festival in Stellenbosch. Winzer präsentieren ihre Weine. Tel. 021/886 4310, www.stellenboschwine festival.co.za.

August/September: Zur spektakulären Wildblumenblüte im Namaqualand finden **Festivals und Blumenshows** statt. www.facebook.com/NamaquaFlowerFest.

November–April: Summer Sunset Concerts, Kirstenbosch Botanical Gardens. Beliebte Konzertreihe mit Picknick am Sonntag Nachmittag, www.sanbi.org/events.

ESSEN & TRINKEN

DEFTIGE KÜCHE DER BUREN

In den Pioniertagen europäischer Einwanderer waren Eintopfgerichte, **Potjies,** und Fleisch an der Tagesordnung. Vielleicht lässt sich daraus die Begeisterung vor allem der Buren für **Braaivleis** (Grillfleisch) erklären. **Braai** ist eine gesellschaftliche Institution und Teil des südafrikanischen »way of life«. Am Wochenende lädt man sich gegenseitig zum Grillen ein, vertilgt reichlich Fleisch und dazu die schneckenförmig aufgerollten **Boerewors** (Burenwürste).

Als die Voortrekker mit ihren Ochsenwagen in unbekannte Ferne zogen, mussten sie Fleisch konservieren. In Streifen geschnitten und gesalzen, hielt es sich als Dörrfleisch monatelang. Schmackhaftes **Biltong** stammt von Rindern, Straußen und Antilopen. In den Restaurants bzw. Camps der Wildreservate steht oft **Game** (Wildfleisch) auf der Karte. Fleisch von der Schwarzfersenantilope (Impala) oder vom Kudu ist äußerst lecker; auch werden Krokodil-Rippchen, Filets vom Schwanzteil oder Straußenfleisch in vielen Restaurants angeboten. Aus alten Zeiten stammt der **Millipap** genannte Maisbrei, Gundnahrung der schwarzen Bevölkerung und Beilage zu deftiger Burenkost.

ASIATISCHE RAFFINESSEN

Eingewanderte Kapmalaien und Inder bereichern die Gastronomie besonders in Kapstadt, wo oft abge-
wandelte südostasiatische Gerichte
auf den Speisekarten der Restaurants stehen. Dazu gehören vor allem **Sosaties** (Fleischspieße), **Bobotie** (Auflauf mit Lammhackfleisch
und Curry) und verschiedene Arten
von **Bredie** (Eintopfgericht). Im
Waterblommetje-Bredie werden die
Blüten von Seerosen mitgekocht.

Indische Gewürze verfeinern
die Gerichte

Durban ist das Mekka der indischen **Currys.** Man sollte sie »mild«
bestellen – dann sind sie für den
nicht an Scharfes gewöhnten Gau-
men gerade noch erträglich. Zu den
Currys wird meist ein süßsaures
Chutney gereicht. Auf dem Indian
Market in Durban und in vielen Spezialgeschäften kann man indische Gewürze kaufen und bekommt meist Rezepte gleich mitgeliefert – ein originel-
les und leicht transportables Mitbringsel.

BRITISCHE KÜCHE

Britische Einwanderer haben Roastbeef und das umfangreiche *English
breakfast* eingeführt, das alle größeren Hotels servieren. Beliebtester Bestandteil der morgendlichen Kalorienschlacht sind Eier in jeder Form mit
Speck und Wurst. Manchmal werden auch Fisch, Leber und dicke Bohnen
gereicht. Meist hält das vor bis zum Nachmittag; zum *high tea* gibt es häufig
hausgemachtes Gebäck, *scones,* mit Schlagsahne und Konfitüre.

FANGFRISCH AUF DEN TISCH

Freunde von Fisch und Meeresfrüchten kommen vor allem an der Küste auf
ihre Kosten – die fangfrischen Meerestiere sind relativ preiswert in Südafrika. Zum umfangreichen Angebot gehören Kingklip, Seehecht, Seezunge,
Schellfisch, Makrele, Muscheln, Kalamari oder Garnelen. In Knysna, an der
Garden Route, werden **Austern** gezüchtet und können direkt an der Water-
front geschlürft werden. Die Westküste um Langebaan ist nicht nur für den
wohlschmeckenden Fisch **Snoek,** sondern auch für edlen **Crayfish** – kein
Fisch, sondern eine kleine Languste – berühmt. Das »Crayfish-Festival« in
Lambert's Bay ist allerdings zur Zeit wegen Überfischung ausgesetzt. Wenn
Linefish auf der Speisekarte steht, handelt es sich übrigens um fangfrischen

BESONDERE RESTAURANTS

- Im **Africa Café** in der Shortmarket Street in Kapstadt gibt es beim Communal Feast Kostproben verschiedenster Speisen aus ganz Afrika sowie afrikanische Live-Musik. > S. 63
- Auf dem Weingut **Buitenverwachting** inmitten der Constantiaberge wird in kapholländischem Ambiente exzellente Küche serviert. > S. 65
- Direkt am Hafen von Hout Bay liegt mit dem **Mariners Wharfside Grill** eines der besten Fisch- und Seafood-Restaurants Südafrikas. > S. 68
- Im Grande Roche im Paarl Valley bietet das **Bosman's** eine Küche der Extra-Klasse. > S. 70
- Das **Moyo** am Melrose Arch, dem Treffpunkt der schwarz-weißen Yuppie-Szene in Johannesburg, ist bekannt für exquisite Gerichte neben riesigen Granitfelsen. > S. 104
- Bei der kulinarischen Reise durch Südafrika ist die indische Küche in Durban ein Muss. In **Mali's Indian Restaurant** im Stadtteil Morningside genießt man südindische Köstlichkeiten. > S. 111
- Wer sich nach exzellenten Wildgerichten sehnt, ist im **Pachas** in Pretoria richtig. > S. 124
- Im **The Vine** in Pilgrim's Rest kommen Traditionsgerichte in der Goldwaschpfanne und dem Potje auf den Tisch. > S. 126

Fisch von der Angel. In Mpumalanga (beim Kruger-Park) und in den Drakensbergen kann man gut frische **Forellen** (Trout) essen.

AFRIKANISCHE KÜCHE

Die Südafrikaner besinnen sich zunehmend zurück auf die traditionelle Küche. Deren regional unterschiedliche Produkte bereichern längst die von ausländischen Gästen sehr geschätzte südafrikanische Fusion aus europäischen und asiatischen Einflüssen. Restaurants in Kapstadt (z.B. das Africa Café), Johannesburg oder Durban laden zu kulinarischen Entdeckungstouren ein. Sogar die karge Naturdiät der San steht wieder auf dem Speiseplan – die Produkte der Hoodia-Pflanze werden als Schlankmacher vermarktet.

GETRÄNKE

Wegen der einwandfreien Qualität des Leitungswassers hat sich bis auf *soda water* Mineralwasser bisher kaum durchgesetzt. Das **Skoonspruit** (Flaschenwasser) ist teurer als Bier, das auf deutsche (Reinheitsgebot) und englische Art gebraut wird und auch in Light-Version erhältlich ist. Am beliebtesten sind die Marken **Castle**, **Black Label**, **Tafel Lager** und **Windhoek Lager**, die beiden letztgenannten aus Namibia.

Der oft mit Zichorie vermischte und auch in guten Restaurants servierte Pulverkaffee ist für Kaffeefreunde ein fades Geschmackserlebnis, allerdings bekommt man heute überall auch Filterkaffee. Tee

Die würzige Soße Chakalaka passt gut zu Millipap (Maisbrei) oder Boerewoers (Bratwurst)

wird fast nur in Beuteln aufgegossen. Der beliebte **Rooibostee** wird am Westkap um Citrusdal aus den Blättern des Rotbuschs gewonnen.

Alkohol erhält man in Supermärkten, vor allem aber im Bottle Store oder Drankwinkel. Softdrinks und Bier werden überwiegend in Dosen verkauft – mit 2,5 Milliarden Getränkedosen im Jahr hält Südafrika den Weltrekord im Verhältnis zur Bevölkerung. Besonders in kleineren Restaurants sollte man auf die Art der Alkohollizenz achten. Y bedeutet, dass Alkohol nur zu den Mahlzeiten ausgeschenkt werden darf; YY: nur Ausschank von Wein und Bier; YYY: *fully licensed* (volle Lizenz).

Trotz weltweiter Frauenemanzipation gibt es in Südafrika vereinzelt noch immer die Institution der Ladies' Bar: Frauen sind offiziell in den anderen Bars nicht geduldet – natürlich dürfen aber Männer in die Damenbars.

Südafrikanische **Weine** gehören zu den besten der Welt und kosten im Restaurant – anders als etwa in Deutschland – nur etwa das Doppelte des ohnehin meist niedrigen Ladenpreises. Eine Flasche Rot- oder Weißwein in guter Qualität ist zum Essen schon für umgerechnet rund 10 € zu haben.

Drei Viertel der Weinproduktion entfallen auf Weißweine (viel Chenin Blanc); seit einigen Jahren werden auch hervorragende Riesling- und Chardonnay- wie auch Roséweine produziert. Die Rotweine sind von geschmeidiger Kraft, oft aber mit 13 % Alkohol und mehr recht schwer *(full-bodied)*. Überwiegend werden Cabernet Sauvignon und die Kreuzung Pinotage trocken ausgebaut > S. 71.

Sekt (zum Teil in Flaschengärung) ist von ebenso guter Qualität wie Sherry und Brandy. Der sehr beliebte, cremige **Amarulalikör,** eine südafrikanische Erfindung, wird aus den goldgelben Früchten des wild wachsenden Marulabaums destilliert.

Camps Bay am Fuß der Twelve Apostles

TOUREN & SEHENSWERTES

KAPSTADT
& UMGEBUNG

Farbenfroh sind die Häuser
im Bo Kaap District

Die »mother town« empfängt die Besucher mit ihrer heiteren, kosmopolitischen Atmosphäre. Die Kap-Halbinsel bietet Naturerlebnisse, Badebuchten und kleine Hafenorte, eine Tour durch das Wineland ist ein Muss.

In Kapstadt kann man leicht eine Woche verbringen, mit Ausflügen zum Kap oder in die Winelands zwei Wochen. Zwischen Juli und Ende November locken dazu die Wale und Delfine in Hermanus.

Kapholländische Architektur prägt zwar die gesamte Region, Swellendam ist jedoch das Tüpfelchen auf dem i. Eine Tour durch die Kleine Karoo fasziniert mit spektakulären Pässen, das Weinanbaugebiet um Stellenbosch im Frühsommer mit seinen grünen Weinfeldern vor einer wilden Bergkulisse. Während hier mittlerweile die Pfade ausgetreten sind, bietet die Ceder-bergregion nördlich von Kapstadt viel ursprüngliche Natur und Einsamkeit. Auch die Fischer- und Feriendörfer an der rauen Atlantikküste leben nur zur Fangsaison des Crayfish von November bis Mai auf. Besonders schön ist im August/September ein Abstecher ins Namaqualand, wenn sich die Region in ein buntes Blumenmeer verwandelt.

Im südafrikanischen Winter (April bis August) herrscht am Kap oft Schmuddelwetter. Im Frühjahr und Herbst verusacht ein trockenheißer Wind aus dem Inland oft Kopfschmerzen. Oktober bis März sind die besten Monate am Kap.

TOUREN IN DER REGION

TOUR 1

UM DIE KAP-HALBINSEL

ROUTE: Kapstadt > Tafelberg > False Bay > Table Mountain National Park > Cape Point > Cape of Good Hope > Chapman's Peak Drive > Hout Bay > Kapstadt

KARTE: Seite 52
DAUER UND LÄNGE: 1–2 Tage, ca. 165 km
PRAKTISCHE HINWEISE:
- Fahren Sie mit ihrem Mietwagen früh los, um die 165 km von Kapstadt zur Südspitze der Kap-Halbinsel und zurück an einem Tag zu schaffen. Badesachen einpacken!
- Der spektakuläre Chapman's Peak Drive > **S. 67** nach Hout Bay ist mautpflichtig und öfters gesperrt.

TOUR-START:

Die Halbinsel südlich von Kapstadt mit dem **Table Mountain National Park** `6` › S. 66 schiebt sich weit zwischen die beiden Weltmeere Atlantischer und Indischer Ozean; sie endet am **Cape Point** und dem berühmten **Kap der Guten Hoff-**nung › S. 66. Vielen erscheint dieser Landfinger Südafrikas als schönstes Ende der Welt. Badebuchten, Fischerdörfer, Naturreservate und Tierschutzgebiete sowie das älteste Weingut des Landes, Groot Constantia, laden zu Aufenthalten ein. Im Ferienort **Hout Bay** `8` › S. 67 ist

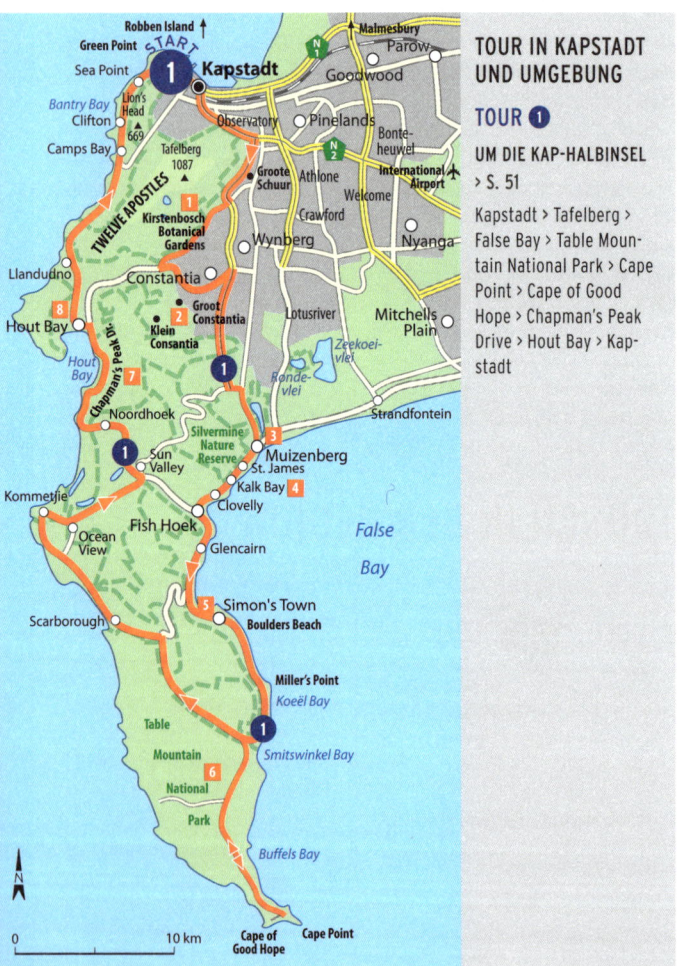

TOUR IN KAPSTADT UND UMGEBUNG

TOUR ❶

UM DIE KAP-HALBINSEL
› S. 51

Kapstadt › Tafelberg › False Bay › Table Mountain National Park › Cape Point › Cape of Good Hope › Chapman's Peak Drive › Hout Bay › Kapstadt

Fisch essen angesagt. Am besten bleibt man gleich zum Sundowner und für die Nacht dort, aber auch als Tagesreise verspricht diese Tour viele unvergessliche Eindrücke in kurzer Zeit.

TOUR 2

DIE WINELANDS

> **ROUTE:** Kapstadt › Stellenbosch › Paarl › Franschhoek › Drei-Pässe-Fahrt › Kapstadt

> **KARTE:** Seite 68
> **DAUER UND LÄNGE:** 3 Tage, ca. 210 km
> **PRAKTISCHE TIPPS:**
> - Den Besuch von ein bis zwei Weingütern einplanen.
> - Festes Schuhwerk für Wanderungen im Hottentots Holland Nature Reserve mitnehmen.

TOUR-START:

Eine Tour durch das Wineland ist einfach ein Muss, in dieser malerischen Landschaft mit majestätischen Bergen, grünen Tälern und unendlichen Weinbergen kann man sich wunderbar verlieren. Mindestens eine Weinprobe auf einem der vielen Weingüter ist Pflicht, z. B. beim Neethlingshof (www.neethlingshof.co.za) in Stellenbosch oder beim Gut Boschendal (www.boschendal.com), ein herrschaftliches Anwesen bei Franschhoek; hier lo-

cken auch ein Restaurant, ein Café, eine Weinbar wie auch Picknick-möglichkeiten.

Insbesondere **Stellenbosch** 9 › S. 68 und **Franschhoek** 11 › S. 73 sind in gastronomischer und historischer Hinsicht herausragend; zur Übernachtung laden wunderbar renovierte Herrenhäuser ein.

Im Hinterland von Kapstadt, so z. B. im **Hottentots Holland Nature Reserve** › S. 73, finden Wanderer und Mountainbiker herrliche Tourenmöglichkeiten in gebirgigem Gelände.

TOUR 3

SÜDLICHSTER PUNKT AFRIKAS

> **ROUTE:** Kapstadt › Hermanus › Cape Agulhas › De Hoop Nature Reserve › Swellendam › Montagu › Worcester › Kapstadt

> **KARTE:** Seite 68
> **DAUER UND LÄNGE:** 4 Tage, ca. 690 km
> **PRAKTISCHE TIPPS:**
> - Fernglas zur Beobachtung der Wale (Juli bis Nov.) mitnehmen; neben dem touristischen Hermanus gibt es einsame Alternativen zur Walbeobachtung entlang der Strecke, z. B. im De Hoop Nature Reserve.
> - In der Hochsaison (Nov. bis April) Unterkunft unbedingt vorbuchen.

TOUR-START:

Eine Tour für Natur- und Kulturliebhaber gleichermaßen: So nah an der Küste wie an der Walker Bay tauchen Buckel- und Glattwale kaum irgendwo in Südafrika auf, berühmt für seine guten Wal- und Delfinbeobachtungsmöglichkeiten ist vor allem **Hermanus** 12 › S. 73. Die rauen Gewässer am **Cape Agulhas** 13 › S. 74, dem südlichsten Punkt des Kontinents, sind bei Anglern sehr beliebt. Wer sich für kapholländische Architektur begeistert, kann in **Swellendam** 15 › S. 75 schwelgen. **Montagu** 16 › S. 75 lädt zu einem nächtlichen Thermalbad unter dem klaren Sternenhimmel der südlichen Hemisphäre und anschließender Übernachtung ein.

Auf dem Rückweg nach Kapstadt vermittelt das Freilichtmuseum Kleinplasie Farm in **Worcester** 17 › S. 75 einen authentischen Eindruck vom Leben auf dem Lande in Südafrika.

TOUR
4

RAUE KÜSTE, EINSAME BERGE

ROUTE: Kapstadt › Bloubergstrand › West Coast National Park › Langebaan › Lambert's Bay › Clanwilliam › Cederberge › Tulbagh › Kapstadt

KARTE: Seite 68
DAUER UND LÄNGE: 4 Tage, ca. 685 km
PRAKTISCHE TIPPS:
- Am Wochenende und zur Hummersaison Unterkunft und Restaurant unbedingt vorher reservieren; Fernglas und Vogelbestimmungsbuch einpacken.
- Immer rechtzeitig tanken und Reserverad des Mietwagens kontrollieren, z. T. Schotterpisten.

Kapstadt aus der Vogelperspektive

TOUR-START:

Der kühle Atlantik an der **Westküste** sorgt für einsame Strände und ruhige Fischerdörfer. Eine Spezialität dieser Region ist frischer Crayfish, den man z. B. in **Langebaan** 21 › S. 78 (hier auch Übernachtung möglich) oder Lambert's Bay unbedingt probieren sollte (Fangsaison ist von Nov.–Mai). Die zerklüfteten Formationen der **Cederberge** 19

› S. 76 begeistern nicht nur Wanderer, ebenso eindrucksvoll sind die riesigen bunten Blumenteppiche bei **Clanwilliam** 20 › S. 76 im südafrikanischen Frühling. Hier bleibt man am besten für ein oder zwei Nächte.

VERKEHRSMITTEL

Innerhalb von Kapstadt lassen sich alle Ziele zu Fuß, mit dem Minibus oder Taxi erreichen.

UNTERWEGS IN KAPSTADT

AM HAUPTBAHNHOF Ⓐ ▯ c5

Nordöstlich des Hauptbahnhofs steht an der Heerengracht das **Denkmal** für den Kappionier und Stadtgründer Jan van Riebeeck und seine Frau Maria.

Am nahen Hertzog Boulevard arbeitet die Stadtverwaltung (Civic Centre), ihr gegenüber hat Kapstadts modernste Bühne ihr Domizil, das **Artscape Theatre Centre** (www.artscape.co.za).

Das sternförmige **Castle of Good Hope** Ⓑ ▯ d6 mit fünf kanonenbestückten Bastionen, das älteste Gebäude des Landes, erbauten rund 3000 Matrosen 1666 in nur einem Jahr. Einen Angriff musste die Festung, die zeitweise als Residenz der Gouverneure am Kap diente, nie abwehren. Sehenswert sind die Eingangspforte an der Grabenbrücke mit zwei Löwinnen, der **Van-der-Steel-Torweg** – so benannt nach dem ersten Gouverneur – und der **Katzenbalkon** mit Säulen aus Teakholz. Im Festsaal und in den angrenzenden Räumen ist die **Möbel-, Porzellan- und Gemäldesammlung** des 1968 verstorbenen Kunstmäzens William Fehr (tgl. 9–17 Uhr, www.iziko.org.za) untergebracht. Die Exponate zur frühen Seefahrt und Entdeckung der Weltmeere wurden aus dem Maritime Museum hierher verlegt. Außerdem beherbergt die Festung ein kleines **Militärmuseum** (tgl. 9–17 Uhr). Weitere Teile der Anlage können bei einer Führung besichtigt werden (Mo–Sa 11, 12, 14, 15, 16 Uhr, www.castleofgoodhope.co.za). Auf dem Platz vor dem Kastell, der Grand Parade, wird ein bunter **Flohmarkt** abgehalten.

CITY HALL Ⓒ ▯ c6

Das Rathaus an der Darling Street wurde 1905 in einer gewagten Mischung aus italienischem Renaissance- und britischem Kolonialstil erbaut. Als Beigabe errichtete man nach dem Vorbild des Londoner Big Ben 1923 noch einen 60 m hohen Glockenturm.

ADDERLEY STREET

Mit ihren Straßenhändlern und Blumenverkäuferinnen zählt die Adderley Street zu den wichtigsten Geschäftsstraßen Kapstadts. Der schöne Bau der **Groote Kerk** Ⓓ ▮ b6, der Niederländisch-Reformierten Kirche aus dem Jahr 1836, ist das dritte Gotteshaus an dieser Stelle und basiert auf dem Fundament der ersten Kirche des Landes von 1678. Der Glockenturm stammt aus dem Jahr 1703. Sehenswert ist die mit Schnitzereien geschmückte Kanzel von Anton Anreith aus dem Jahr (1789).

Die **Slave Lodge** Ⓔ ▮ b6, das ehemalige Kulturhistorische Museum, widmet sich heute insbesondere der Geschichte der Sklaverei in Kapstadt. Die permanente Sammlung und die Sonderausstellungen mit Arbeiten von Künstlern entwickelten sich zu Besuchermagneten. Schon 1679 als Sklavenunterkunft erbaut, diente das Haus 1809 nach einem Umbau als Postamt, später war es Sitz des Obersten Gerichtshofs. Seit 1966 wird es als Museum genutzt.

Über dem Eingang prangt ein schöner Stuckgiebel. Archäologen brachten in den letzten Jahren Funde zur Hausgeschichte und zum Alltagsleben seiner Bewohner ans Tageslicht. Sehenswert sind auch die permanenten Sammlungen von der Antike bis zur Neuzeit, darunter zur Geschichte der Niederländischen Ostindien-Gesellschaft, die historische Porzellan- oder die Silbersammlung (Mo–Sa 9–17 Uhr, www.iziko.org.za).

AN DER GOVERNMENT AVENUE

In der Fußgängerzone spenden mächtige Eichen Spaziergängern Schatten. In den eindrucksvollen weißen **Houses of Parliament** Ⓕ ▮ b6 tagte das Parlament erstmals 1814. Seit Gründung der Südafrikanischen Union (1910) ist Kapstadt im ersten Halbjahr, Pretoria im zweiten Halbjahr Sitz der Regierung. Die Parlamentsdebatten sind öffentlich (Besuchereingang an der Parliament St., Führungen Mo–Fr 9–17 Uhr, Tel. 021/403 2266, Eintritt frei, www.parliament.gov.za).

Die **St. George's Cathedral** Ⓖ ▮ b6 der anglikanischen Gemeinde als Hauptkirche. Der jetzige Sakralbau von 1901 war bis 1996 Sitz des emeritierten Erzbischofs und Friedensnobelpreisträgers Desmond Tutu. In die Mauern sind Originalsteine aus den Kathedralen von Glastonbury, Westminster Abbey und Winchester eingearbeitet.

Ⓐ Hauptbahnhof
Ⓑ Castle of Good Hope
Ⓒ City Hall
Ⓓ Groote Kerk
Ⓔ Slave Lodge
Ⓕ Houses of Parliament
Ⓖ St. George's Cathedral
Ⓗ National Library of South Africa
Ⓘ Company's Garden
Ⓙ South African Museum
Ⓚ South African National Gallery
Ⓛ Rust en Vreugd
Ⓜ District Six Museum
Ⓝ Heart of Cape Town Museum
Ⓞ Greenmarket Square
Ⓟ Koopmans de Wet House
Ⓠ Victoria & Alfred Waterfront
Ⓡ Tafelberg

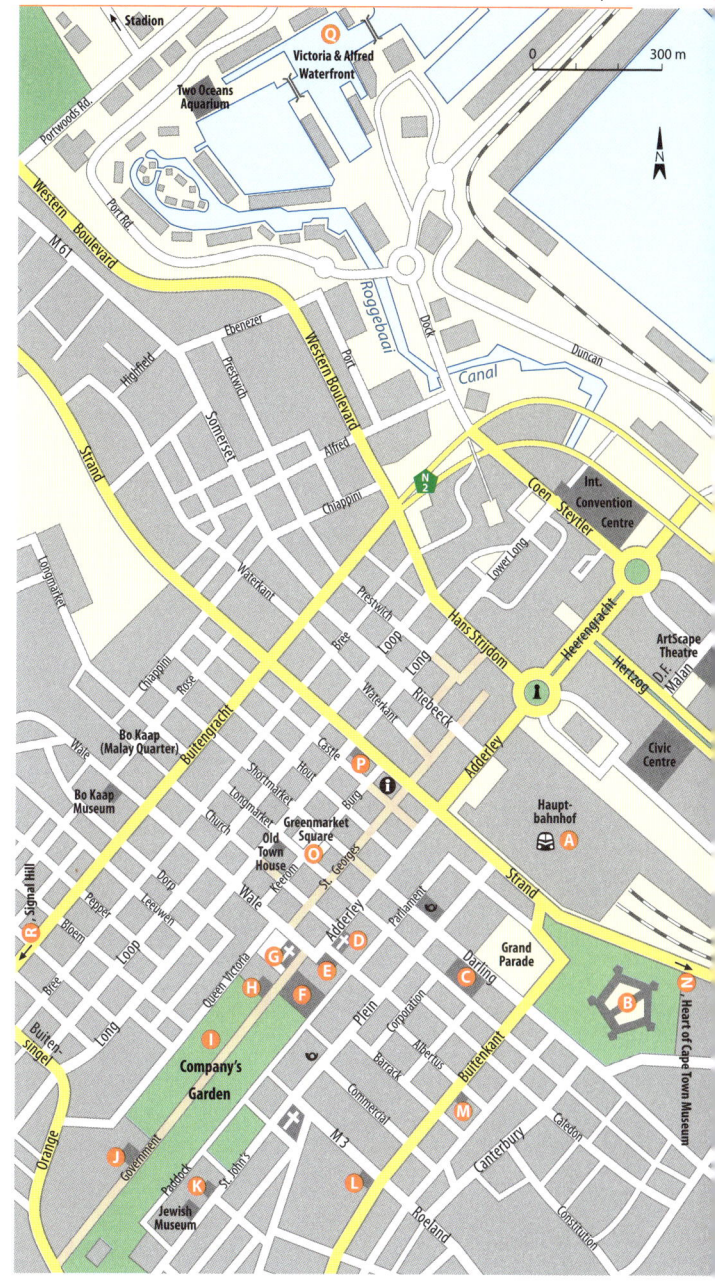

Eine der größten Bibliotheken der südlichen Hemisphäre, die **National Library of South Africa** ❶ 📖 b6 hütet 400 000 Bücher: neben allen in Südafrika je veröffentlichten Werken auch lateinische Manuskripte aus dem 10. Jh. sowie Werke von Shakespeare (5 Queen Victoria Street, Mo–Fr 8–18, Sa 8-16 Uhr, www.nlsa.ac.za).

Nach so viel Kultur bietet sich eine Rast im **Company's Garden** ❶ 📖 b6 an. Hier legte Jan van Riebeeck die ersten Gemüsegärten an. Spazierwege führen vorbei an seltenen Bäumen und Sträuchern zu schönen Rosengärten. Weitere Attraktionen sind eine Sonnenuhr (1782) und zwei Denkmäler: Eines erinnert an Sir George Grey, Gouverneur am Kap von 1845–1862, ein zweites zeigt seinen Nachfolger, den Diamantenkönig Cecil John Rhodes (1853–1902). › mehr S. 16 Punkt ㉕ Der Park ist eine Oase im Herzen der Stadt mit zahmen Eichhörnchen und allerdings etwas lästigen Tauben.

Am südlichen Ende des Parks zeigt das 1825 gegründete **South African Museum** ❶ 📖 a7 seine umfangreiche naturgeschichtliche Sammlung. Informativ sind die Ausstellungen über das Leben der San und die Nachbildungen prähistorischer Tiere (tgl. 9–17 Uhr, www.iziko.org.za).

SEHENSWERTE MUSEEN

Schwerpunkte der **South African National Gallery** ❶ 📖 b7 bilden Werke südafrikanischer Künstler sowie afrikanischer und europäischer Meister, darunter auch Plastiken, Fotografien und Textilien (tgl. 9–17 Uhr, www.iziko.org.za).

💬 **AUS KAPSTADTS GESCHICHTE**

Portugals großer Seefahrer Bartholomeu Diaz umschiffte 1488 das Kap. Zehn Jahre später gelang seinem Landsmann Vasco da Gama die Realisierung des lang gehegten Traums: Er segelte um das Kap herum und weiter bis nach Indien. Die Seefahrer gaben der auf halbem Weg gelegenen Landspitze den Namen »Kap der Guten Hoffnung«. 1652 landete der Niederländer Jan van Riebeeck im Auftrag der Ostindien-Gesellschaft in der Tafelbucht und errichtete eine Versorgungsstation. Neben Holländern, Briten und Deutschen wanderten auch Hugenotten aus Frankreich ein und begründeten die Weinindustrie.

1806 eroberten die Briten das Kap, bis zur Gründung der Südafrikanischen Union 1910 blieb Cape Town Hauptstadt der britischen Kronkolonie. Die Apartheid erreichte auch die sog. Mother Town: 1936 durften in Kapstadt Schwarze nicht mehr zur Wahlurne, ab 1956 auch Farbige. Seit der politischen Wende erlebte die Kapstadt einen Zuwandererboom, sodass sie heute mit über 3,5 Mio. Einwohnern die zweitgrößte Stadt des Landes ist. Das Verwaltungszentrum der neuen Western Cape Province ist in der ersten Jahreshälfte auch Sitz der Regierung.

Auf dem Greenmarket Square kann man nach Herzenslust stöbern

Sehr lohnend ist ein Besuch im Patrizierhaus **Rust en Vreugd** 🄻 🏴 b7. Das Herrenhaus »Rast und Freude« wurde 1778 für die Niederländisch-Ostindische Gesellschaft gebaut. Schnitzereien aus Teakholz und verzierte Säulen schmücken das Gebäude, zu sehen sind Gemälde aus der Sammlung William Fehr (Buitenkant/Roeland St., Mo–Fr 10 bis 17 Uhr, www.iziko.org.za).

In einer profanisierten Kirche dokumentiert das **District Six Museum** 🄼 🏴 c7 die tragische Geschichte des gleichnamigen, einst multikulturellen Stadtviertels (25 a Buitenkant St., Mo–Sa 9–16 Uhr, www.districtsix.co.za).

Das **Heart of Cape Town Museum** 🄽 erinnert an die weltweite erste Herztransplantation an einem Menschen im Groote Schuur Krankenhaus 1967 – ein Meilenstein in der Medizingeschichte (Main Road, Groote Schuur Hospital, tgl. geführte Touren um 9, 11, 13 und 15 Uhr, www.heartofcapetown.co.za).

ENTLANG DER LONG STREET

Am nördlichen Ende beeinträchtigen zwar moderne Zweckbauten das Bild, in Richtung Süden aber verleihen viktorianische Häuser der meistfotografierten Straße Kapstadts bezauberndes Flair. Die sorgfältig restaurierten Gebäude mit ihren schmiedeeisernen Balkonen und Türmchen leuchten in Gelb, Rosa und Hellblau.

Auf dem **Greenmarket Square** 🄾 🏴 b5, einem alten Marktplatz (1710) mit historischem Kopfsteinpflaster, kann man Mo–Sa auf einem interessanten Flohmarkt stöbern > mehr S. 18 Punkt **38**. Die Westseite des Platzes schmückt das ehemalige Rathaus, das **Old Town House** von 1775. In dem schönen kapholländischen Gebäude ist eine Sammlung holländischer und flämischer Maler des 17. Jhs. untergebracht (Mo–Sa 9–16 Uhr, www.iziko.org.za).

Das **Koopmans de Wet House** **P** 📱 b5, ein Bürgerhaus von 1701, beherbergt eine Möbelsammlung im holländischen Stil (Mo–Fr 9 bis 16 Uhr, www.iziko.org.za).

SHOPPING

Die **Long Street** ist das »Quartier Latin« von Kapstadt. Man kann in schummrigen Läden nach alten Büchern stöbern, die Antiquitätengeschäfte sind voll mit Trödel. Kunsthandwerk aus vielen Ländern Afrikas findet man im Pan African Market, 76 Long St., Mo–Fr 9–17, Sa bis 15 Uhr und günstiger auf dem **Kunsthandwerksmarkt** am Greenmarket Square. > mehr S. 18 Punkt **38** Wunderschöne Dinge aus Draht und Perlen gibt es bei **Streetwires,** 77 Shortmarket St., www.streetwires.co.za, Mo–Fr 8.30–17, Sa 9–13 Uhr. Viel Auswahl an Literatur zum südlichen Afrika – auch deutschsprachig – bietet die **Buchhandlung Naumann,** 91 Kloof Nek Road (1.St.), Tel. 021/423 7832.

VICTORIA & ALFRED WATERFRONT ⓘ 📱 b1 ⭐

Aus einer düsteren Hafengegend entwickelte sich eine Top-Sehenswürdigkeit der Stadt (www.water front.co.za). Namensgeber für das Vergnügungsviertel mit Läden und Restaurants waren Queen Victoria und ihr Sohn. Bedeutendste Attraktion ist das 2017 in einem ehemalige Getreidesilo eröffnete **Zeitz Museum of Contemporary Art Afrika** (MOCAA), das weltweit größte Museum afrikanischer Gegenwartskunst (Mi–Mo 10–18 Uhr, www.zeitzmocaa.museum). Die Waterfront ist auch das innerstädtische Einkaufsparadies von Kapstadt schlechthin. Zur Fußball-WM 2010

💬 KLEIN-ASIEN IN KAPSTADT

Westlich der lebhaften Buitengracht ducken sich am Abhang des Signal Hill kleine farbige Häuser; steile Pflasterstraßen ziehen sich hügelan. Aus den Geschäften weht der Duft des Orients, in kleinen Moscheen ruft der Muezzin zum Gebet. Hier im Bo Kaap leben ungefähr 40 000 Kapmalaien, die Nachfahren der einst aus Malaysia verschleppten Sklaven. Die meisten Häuser entstanden Anfang des 19. Jahrhunderts. Das **Bo Kaap Museum** in der Wale Street informiert über das Leben der Kapmalaien (Mo–Sa 9–16 Uhr, www.iziko.org.za; auch Führungen durch das Viertel).

Auf den 350 m hohen **Signal Hill** fahren nicht nur Liebespaare gern und genießen den Sonnenuntergang und das nächtliche Lichtermeer von Kapstadt. Falls die Armbanduhr einmal streikt: Täglich außer sonntags knallt um Punkt 12 Uhr mittags auf dem Gipfel die »Noon Gun« – früher ein echter Kanonenschuss, heute ein elektronisch gesteuertes Signal.

Die V & A Waterfront ist das Vergnügungs- und Einkaufszentrum von Kapstadt

ging ein 50 m hohes **Riesenrad** an der Canal Site in Betrieb – von oben hat man einen herrlichen Ausblick (www.capewheel.co.za).

VICTORIA WHARF

Noch Ende der 1980er-Jahre hätten die abbruchreifen Häuser und Lagerhallen im Hafen eine Filmkulisse für einen gespenstischen Krimi abgegeben. Das Hafenflair ist geblieben, ebenso Trockendocks, Frachter, Fischkutter und Segelboote. Ab 1990 wurden die alten Gebäude jedoch restauriert, neue in passendem Stil hinzugefügt – so die zentrale Victoria Wharf, ein Komplex mit Gaststätten und Boutiquen in Form großer Lagerhallen. Das Einkaufs- und Ausgehparadies umfasst etwa 260 Geschäfte, Galerien, Kinos, Hotels, Restaurants, Cafés und Kneipen.

Beliebte Treffs sind der **Nobel Square** mit den Statuen der vier südafrikanischen Friedensnobelpreisträger (Albert Luthuli, Desmond Tutu, Nelson Mandela, Frederik de Klerk), der **Clock Tower** sowie die **Market Plaza** mit dem Maritime Museum (Fotografien und Schiffsmodelle, tgl. 9–16 Uhr).

TWO OCEANS AQUARIUM

Die Haifütterung (tgl. 12 und 14 Uhr) gehört zu den besonderen Attraktionen des riesigen, modernen Aquariums. Neben Meeresschildkröten und Pinguinen kann man viele Fischarten des Kaps in bis zu 11 m hohen Becken beobachten und faszinierende Einblicke in die Unterwasserwelt gewinnen (tgl. 9.30–18 Uhr, Tel. 021/418 3823, www.aquarium.co.za).

INFO

Cape Town Tourism
Gute Infos, auch Hotel-, Mietwagen- und Nationalparkbuchungen. Stadtführungen

DIE BESTEN SHOPPINGTIPPS

- In der Innenstadt von Kapstadt liegen rund um die **Long Street** kleine Boutiquen, Möbelläden, Antiquariate und mit dem **Pan African Market** der Ort mit dem umfangreichsten Angebot an afrikanischem Kunsthandwerk. > S. 60
- In die historische **Victoria & Alfred Waterfront** eingebettet ist das gleichnamige Einkaufsparadies. Neben qualitativ hochwertigem Kunsthandwerk finden Sie hier so gut wie alles, was das Herz begehrt. > S. 60
- Unter mit buntem Glas verzierten Dächern kann man im **Canal Walk Shopping Centre** bei Kapstadt sein Geld ausgeben – diese komplett künstlich angelegte Einkaufsstadt bietet 400 Läden und eine eindrucksvolle Palastarchitektur mit Palmenarrangements. > S. 65
- Nahezu mediterran geht es rund um den **Mandela Square** im feinen Johannesburger Stadtteil Sandton > S. 104 zu. Hier lässt sich vor und nach dem Lunch in einem der zahlreichen Restaurants auch das eine oder andere Souvenir entdecken.
- Ein multikulturelles Erlebnis bietet die **Oriental Plaza** in Downtown Johannesburg mit über 360 Geschäften mit feinen Stoffen und Düften asiatischer Gewürze. > S. 104

zu Fuß oder mit dem Doppeldeckerbus Cape Town Explorer. Mo–Fr 8–18, Sa 8.30 bis 14, So 9–13 Uhr, im Winter bis 17.30, Sa bis 13 Uhr.
- Pinnacle Building | Burg/Castle St. Tel. 021/487 6800 www.capetown.travel

Cape Town Tourism (Waterfront)
Tgl. 9–18 Uhr.
- Dock Road | Tel. 021/408 7600

Der **Cape Town City Pass** bietet freien Eintritt zu über 70 Einrichtungen u. a. im Aquarium, beim Riesenrad, bei den City Sightseeing Bussen und auch bei einigen Museen außerhalb. In zahlreichen Restaurants erhält man einen Rabatt. Er ist bei den Touristinformationen und online unter www.gocards.co.za erhältlich.

Awol Tours
Organisieren Townshiptouren auf Rädern, die in den Townships vermietet und unterhalten werden und so die lokale Bevölkerung unterstützen.
- Tel. 021/418 3803 www.awoltours.co.za

VERKEHRSMITTEL
Preiswert sind **Rikki-Taxis** (Tel. 0861/745 547, www.rikkis.co.za), die kreuz und quer durch die Stadt fahren und dabei Fahrgäste aufsammeln. Zwischen der Waterfront und Adderley Street bzw. Sea Point (Peninsula Hotel) verkehren regelmäßig Busse. Stadtrundfahrten im offenen Doppeldeckerbus bietet **City Sightseeing Cape Town** an (Zustieg z. B. am Clock Tower an der Waterfront, www.citysightseeing.co.za, Tel. 0861/733 287). Bootsausflüge sind mit der Waterfront Boat Company möglich (www.waterfrontboats.co.za).

HOTELS

Winchester Mansions €€€
Preisgekröntes Hotel im kapholländischen
Landhausstil in fantastischer Lage, mit
Pool und »Gingko«-Wellness-Spa. Beliebt
ist der Sonntags-Brunch mit Live-Jazz.
• 221 Beach Road | Sea Point
  Tel. 021/ 434 2351
  www.winchester.co.za

The Capital Mirage Hotel €€
Modernes Boutiquehotel in zentraler Lage
mit 44 Zimmern, einer fantastischen Dach-
terrasse und fairen Preisen.
• 40 Chiappini Street | De Waterkant
  Tel. 021/200 5100
  www.sacoapartments.com

Cape Town Lodge Hotel €
Zentrales Hotel (123 Zimmer) in den oberen
Stockwerken eines Geschäftshauses.
• 101 Buitengracht St.
  Tel. 021/422 0030
  www.capetownlodge.co.za

Dunkley House €
Geschmackvoll eingerichtetes kleines Haus
mit Pool, auch Apartments.
• 3 b Gordon St., Gardens
  Tel. 021/462 7650
  www.dunkleyhouse.com

iKhaya Guest Lodge €
Kleines Hotel mit afrikanischem Touch in
zentraler Lage. Tolles Frühstücksbüfett.
• Dunkley Square, Gardens
  Tel. 021/461 8880
  www.ikhayalodge.co.za

RESTAURANTS

Quay Four €€€
Eines der beliebtesten Restaurants. Fang-
frischer Fisch, exzellente Weinkarte.

• Victoria & Alfred Waterfront
  Tel. 021/419 2008 | www.quay4.co.za

Masala Dosa €€
Hervorragende südindische Küche. Köstli-
ches Hühnchencurry.
• 167 Long St. | Tel. 021/424 6772
  www.masaladosa.co.za

La Mouette €€
Ausgezeichnete französischer Küche.
• 78 Regent Road, Seapoint
  Tel. 021/433 0856
  www.lamouette-restaurant.co.za

The Africa Café €
Gerichte aus ganz Afrika in verschieden
dekorierten Räumen. Reservieren!
• 108 Shortmarket St. | Tel. 021/422 0221
  www.africacafe.co.za

NIGHTLIFE

An der Victoria & Alfred Waterfront ist immer was los, z. B. in der Brasserie des **Quay
Four** (jeden Abend ab 20 Uhr Lifebands unterschiedlicher Musikrichtungen, s. o.). Das
Arcade ist eine coole Bar mit Restaurant-
betrieb (Bree Street, http://arcadecafe.co.
za, Mo–Sa ab 11.30 Uhr bis ultimo). Im
Village Idiot gibt's Livemusik, DJs und natürlich Braai von 15 Uhr (Fr/Sa ab 12 Uhr)
bis spät nachts (32 Loop Street, http://the
firmct.co.za).

AUSFLÜGE
ROBBEN ISLAND **2**

18 Jahre lang war das dortige Hoch-
sicherheitsgefängnis Verbannungsort des ANC-Führers Nelson Mandela und vieler anderer politischer
Gefangener. Aufgrund der historischen Bedeutung nahm die
UNESCO die Gefängnisinsel in die

Auf Robben Island saß Nelson Mandela 18 Jahre lang im Gefängnis

Weltkulturerbeliste auf (von ehemaligen Gefangenen geführte Touren, Tickets Tel. 0861/22 5598, www.robben-island.org.za, Boote fahren mehrmals täglich ab Nelson Mandela Gateway am Clock Tower Centre an der Waterfront).

TAFELBERG Ⓡ 🔳

Einen atemberaubenden Rundblick über die ganze Kap-Halbinsel bietet an klaren Tagen der 1087 m hohe Tafelberg im Süden von Kapstadt. Er besteht aus Sandstein und Schiefer, war einst mindestens fünfmal so hoch und hat ein stolzes Alter von rund 600 Mio. Jahren. Mehr als 300 Wanderwege führen auf das Plateau; für den kürzesten Aufstieg über die Platteklip Gorge (nicht bei unbeständigem Wetter) benötigt man zwei bis drei Stunden.

Tourismus und Buschbrände, so der Worldwide Fund for Nature (WWF), haben am Tafelberg schon 15 endemische Pflanzenarten vernichtet, weitere 140 sind von der Ausrottung bedroht. Der Tafelberg ist Teil des **Table Mountain National Park** › S. 66.

Den Weg hinauf ermöglicht eine moderne Panorama-Drehkabinen-Seilbahn, die 704 Höhenmeter überwindet. In den witterungsunbeständigen Monaten Juni–August sollte man möglichst früh hinauffahren, denn der Himmel kann schnell eintrüben (tgl. 8/8.30 bis 16.30/20.30 Uhr je nach Jahreszeit, bei Sturm keine Fahrten, Tel. 021/424 8181, www.tablemountain.net).

Der **Devil's Peak** östlich des Tafelbergs ist mit 1001 m nur wenig niedriger; im Westen erhebt sich der **Lion's Head** (669 m).

RESTAURANT

Das **Table Mountain Café** (€) bietet Frühstück, Snacks und Hauptgerichte.

UNTERWEGS IN DER UMGEBUNG

CANAL WALK SHOPPING CENTRE

Entertainment pur bietet das Canal Walk Shopping Centre: Hier kann man auf künstlichen Flussarmen Boot fahren, gut essen und shoppen bis zum Umfallen in über 400 Läden. Das Einkaufsparadies liegt nordöstlich von Kapstadt an der N 1 Richtung Goodwood, 10 Min. Autofahrt vom Zentrum. (www.canal walk.co.za, tgl. 9–21 Uhr.)

KIRSTENBOSCH BOTANICAL GARDENS 1 ⭐4 📖 C8

Der Gründer der Diamantenfirma De Beers, Sir Cecil John Rhodes, schenkte dem Staat 1902 das Gelände der wunderschönen Botanischen Gärten. Auf gut 500 ha lernt man am Osthang des Tafelbergs fast 90 % der rund 25 000 Pflanzenarten des Landes kennen, so z. B. die Proteen. Besonders beeindruckt diese Vielfalt zur Blütezeit der meisten Gewächse zwischen Mitte August und Ende Oktober; in den Monaten vorher regnet es hier besonders viel (Sept.–März tgl. 8–19, sonst bis 18 Uhr, www.sanbi.org).

CONSTANTIA 2 📖 C8

Der Vorort beherbergt das älteste Weingut des Landes, **Groot Cons-**tantia, gegründet 1685 von Simon van der Steel. Das Herrenhaus ist eines der schönsten Beispiele für kapholländische Architektur und birgt heute ein sehenswertes Museum (tgl. 10–17 Uhr; Besichtigungen mit Kellerführung und verschiedenen Weinproben tgl. 9 bis 16 Uhr, zwei Restaurants, Tel. 021/794 5140, www.grootconstan tia.co.za). › mehr S. 16 Punkt 26

Östlich der vornehmen Villenviertel beginnen die **Cape Flats.** Hier lebt die schwarze Bevölkerung des Kaps unter recht ärmlichen Bedingungen. In Mitchells Plain wurden ab 1975 Reihenhäuser für 300 000 Farbige gebaut.

RESTAURANT

Buitenverwachting €€, abends €€€
Für viele das beste Restaurant im Land, meist ausgebucht. Ideal zum Lunch: Der »Gourmetkorb« mit Delikatessen wie Pâté und Blauschimmelkäse-Mousse kostet 150 Rand/Person, er wird von Nov.–April im Garten serviert.
• Klein Constantia Road
Tel. 021/794 3522
www.buitenverwachting.co.za

FALSE BAY

Den nördlichen Beginn der False Bay markiert der beliebte Badeort **Muizenberg** 3 📖 C8. Neben der zum Museum umfunktionierten Post aus dem 18. Jh. ist vor allem das einstige Sommerhaus von Cecil John Rhodes einen Besuch wert.

Der Diamantenmagnat, Kapgouverneur und Rhodesien-Eroberer starb 1902 (tgl. 10–14 Uhr, www.facebook.com/RhodesCottageMuseum).

Ornithologisch Interessierte sollten sich das Vogelschutzgebiet **Rondevlei** im Greater False Bay Ecology Park nicht entgehen lassen. Hier leben rund 230 Vogelarten am Brackwassersee Sandvlei, der von Dünen umgeben ist (Beobachtungssitze; tgl. 7.30–17 Uhr, Dez.–Febr. Sa/So bis 19 Uhr, www.capetown.travel).

Die bunten Umkleidehäuschen aus edwardianischer Zeit am Strand von **St. James** gleich südlich von Muizenberg sind ein beliebtes Fotomotiv.

Im kleinen Hafen von **Kalk Bay** **4** C8 fahren morgens bunte Fischerboote aufs Meer hinaus. Im Sommer werden auch Bootsausflüge zur **Seal Island** angeboten. Bei Kalk Bay führt eine schmale Straße in das **Silvermine Nature Reserve.** Auf 2100 ha gebirgiger Landschaft gedeiht eine große Pflanzenvielfalt; auch Antilopen und Gazellen leben hier. Wanderwege erschließen das schöne Naturreservat.

Simon's Town **5** C8 war einst britischer Militärstützpunkt und wurde erst 1957 an Südafrika übergeben. Im Städtchen bietet die zentrale St. George's Street ein einheitliches Bild mit hübschen Häusern aus der viktorianischen Epoche. In die Residenz des Kapgouverneurs von 1777 ist das Stadtmuseum eingezogen (Mo–Fr 10–16, Sa 10–13 Uhr).

Südlich des Stadt beginnt der sichere **Boulders Beach,** den man

sich mit kleinen Brillenpinguinen teilen muss. Daneben befindet sich das Schutzgebiet für heute etwa 2500 Brillenpinguine, ursprünglich gab es zwei Paare! Von Holzstegen aus kann man die Kolonie gut beobachten.

TABLE MOUNTAIN NATIONAL PARK **6** C8

Der 22 000 ha große Table Mountain National Park erstreckt sich vom Tafelberg bis zum südlichsten Punkt der Kap-Halbinsel. Hier leben u. a. Antilopen, Strauße, Bergzebras und Paviane. Die vielfältige Flora des Reservats ist zur Blütezeit im September/Oktober besonders schön (www.sanparks.org).

CAPE POINT ⭐

Wer vom Parkplatz aus nicht eine Viertelstunde zu Fuß gehen will, kann mit der Drahtseilbahn bis zum eindrucksvollen Cape Point gelangen (Okt.–März tgl. 9–17.30, sonst bis 17 Uhr, http://capepoint.co.za). Donnernd schlägt die Brandung gegen die über 200 m fast senkrecht abfallenden Felsen.

CAPE OF GOOD HOPE

Das Kap der Guten Hoffnung, einige Kilometer westlich, ist wesentlich unspektakulärer als Cape Point. Straße und Wanderweg führen zu dieser magischen Schnittstelle zwischen den Meeren: dem Atlantik im Westen und dem Indischen Ozean im Osten. Hier steht ein Gedenkkreuz für den Portugiesen Bartholomeu Diaz, der 1488 als Erster dieses »Kap der Stürme« umschiffte und schließlich in Mossel Bay an Land ging (6/7–17/18 Uhr).

CHAPMANS PEAK DRIVE

7 ▮ C8

Hinter Noordhoek beginnt diese grandiose 10 km lange Küstenstraße mit ihren 114 Kurven, etwa 150 m hoch über dem Atlantik bis Hout Bay. Viele Stellen der zu den schönsten Panoramastraßen der Welt zählenden Strecke wurden in den letzten Jahren durch kurze Tunnels oder mit Stahlnetzen gegen Steinschlag gesichert. Dennoch unbedingt vorsichtig und langsam fahren! Halteplätze gewähren die beste Aussicht (Maut, www.chapmans peakdrive.co.za).

HOUT BAY **8** ▮ C8

In Hout Bay wurde zur Zeit der Holländer Holz, *Hout,* geschlagen; inzwischen sind die Wälder längst

Brillenpinguine nisten in Boulders

verschwunden. Der bunte, belebte Hafen ist ein wichtiges Zentrum für den Langustenfang. Nicht versäumen sollte man einen halbstündigen Bootsausflug nach **Duiker Island,** zwischen Dezember und April drängen sich dort bis zu 5000 Robben (tgl. vier Abfahrten vormittags, www.circelaunches.co.za, Tel. 021/791 4441). › mehr S. 13 Punkt **5**

World of Birds nördlich von Hout Bay ist eine riesige Parkanlage mit über 3000 Vögeln, einigen Af-

---

💬 WASSERSPASS AM KAP

Die Westküste der Kap-Halbinsel ist windgeschützter als die Ostseite am Indischen Ozean. Aber der Atlantik wird auch im Sommer wegen des kalten Benguela-Stroms kaum wärmer als 17 °C, und tückische Strömungen sind lebensgefährlich. »Drüben« lockt der Indische Ozean mit molligen 23 °C oder mehr. Die Strände an der Westküste sind aber ein Paradies für fortgeschrittene Surfer (z. B. **Long Beach** bei Kommetjie, **Big Bay**), fürs echte Karibik-Feeling mit weißem Sand (**Sandy Bay** bei Llandudno), oder für flotte Beachboys und Bikinigirls zum Sehen und Gesehenwerden (**Camps Bay** und **Clifton** westlich von Kapstadt). Entlang der **False Bay** erstrecken sich südlich von Muizenberg weite Sandstrände.

fenarten, Meerkatzen und Reptilien (tgl. 9–17 Uhr, www.worldofbirds.org.za).

HOTEL

Hout Bay Manor €€€
Luxushotel in einem historischen Anwesen, nahe am Strand; Restaurant.
• Main Road | Tel. 021/790 0116
www.houtbaymanor.com

RESTAURANT

Mariners Wharfside Grill €€
Eines der besten Seafood-Restaurants Südafrikas.
• Direkt am Hafen | Tel. 021/790 1100
www.marinerswharf.com

IN DEN WINELANDS

STELLENBOSCH 9 ⭐ 📖 C8

In der bereits 1679 gegründeten Stadt blieben zahlreiche historische Gebäude erhalten. Um den Stadtplatz **De Braak** gruppieren sich das 1797 erbaute Bürgerhaus mit einem Museum, das Alte Kutscherhaus von 1790 und die Rheinische Missionskirche (1823).

In der **Dorp Straat** ist die älteste und am besten erhaltene Häuserzeile zu bewundern – heute laden hier Galerien, Souvenirshops und gemütliche Cafés zum Bummeln und Verweilen ein.

Einen Besuch lohnt das **Village Museum** in der angrenzenden Ryneveld Street: Vier Häuser sind originalgetreu eingerichtet und wurden im Stil des 18. Jhs. restauriert (Mo–Sa 9–17, So 10 bis 13/16 Uhr, www.stelmus.co.za).

In der berühmten **Universität**, dem »Oxford der Buren«, gegründet 1918, sind heute auch Schwarze zugelassen, doch wegen hoher Gebühren hält sich deren Zahl in Grenzen.

Zahlreiche Weingüter und -kooperativen haben sich zur **Stellenbosch-Weinstraße** 🔸5, der berühmtesten Weinstraße Südafrikas, zusammengeschlossen. Die meisten bieten Weinproben und Führungen an (Tel. 021/886 4310, www.wine route.co.za). › mehr S. 14 Punkt **16**

INFO

Stellenbosch Tourism & Information
• 36 Market St. | Tel. 021/883 3584
www.stellenbosch.travel

HOTELS

River Manor Hotel & Spa €€
Zentral gelegenes Boutiquehotel mit sehr britischer Atmosphäre und herrlichem Garten mit Pool.
• 6 The Avenue | Tel. 021/887 9944
www.rivermanor.co.za

Hunneyball House €€
Sympathisch geführtes Gästehaus, zentral und ruhig; acht geräumige Gästezimmer, schöner Garten und Snack-Bar.
• 32 Herold St. | Tel. 021/882 8083
http://hunneyballhouse.com

RESTAURANTS

Lord Neethling €€
Top-Restaurant mit südafrikanischer und internationaler Küche auf einem Spitzenweingut.
• Neethlingshof (an der M 12, 6 km vom Zentrum) | Tel. 021/883 8988
www.neethlingshof.co.za
So abends geschl.

Wijnhuis €€
Italienische Küche mit Anpassungen an den südafrikanischen Geschmack, mittags und abends fast immer voll, am beliebtesten sind die Tische auf der Straße und in der ersten Etage an den Fenstern.
• Andringa Street | Tel. 021/887 5844
www.wijnhuis.co.za

PAARL 10 ◗ C8

In einer wild zerklüfteten Berglandschaft liegt Paarl (112 000 Einw.), das Zentrum des größten Weinbaugebietes am Kap. Der Name geht auf die Granitkuppen zurück, die den Ort überragen – nach Regen glänzen sie im Sonnenlicht wie Perlen. An der Main Street in Richtung Stadtzentrum liegt das ehemalige Pfarrhaus, die **Oude Pastorie,** von 1714. Es beherbergt jetzt das Paarl Museum mit Möbeln und Antiquitäten aus kapholländischer Zeit (Mo–Fr 9–16, Sa 9–13 Uhr).

Der 600 m hohe **Paarlberg** mit seinen Granitdomen ist Teil eines Schutzgebiets. Hier wurde 1975 das nadelförmige **Afrikaans Language Monument** errichtet, als Symbol für Entwicklung und Verbreitung der Sprache Afrikaans (tgl. 8–17, Sommer 8–20 Uhr, www.taalmuseum. co.za). An klaren Tagen bietet sich ein wunderbarer Panoramablick.

Paarl ist auch Sitz der 1918 zur Stabilisierung der Weinindustrie gegründeten **KWV,** der größten Winzergenossenschaft des Landes. Die Fläche der Weinkeller beträgt mehr als 22 ha, das entspricht einem kleinen Weingut. Über 90 % der Winzer Südafrikas gehören der KWV an (www.kwvwineempori um.co.za, Tel. 021/807 3007, Führungen auf Deutsch Mo–Sa 10.15 Uhr).

Die meisten Weingüter der Umgebung kann man besichtigen. **Gut Nederburg** in Paarl (Tel. 021/ 862 3104, www.nederburg.co.za) ist ein wahrer Wein- und Sektgigant mit 650 ha Anbaufläche, auf der u. a. sehr guter Cabernet Sauvigon gedeiht. **Rhebokskloof** ist wesentlich kleiner, bietet aber das exzellente Victorian Restaurant (www.rhe bokskloof.co.za, Tel. 021/869 8386). Auf **Fairview** weiden Ziegen und Schafe; neben gutem Wein wird hier auch Käse hergestellt (Tel. 021/863 2450, www.fairview.co.za). Das nachhaltig arbeitende **Backsberg Estate** (Tel. 021/875 5141, www.backsberg.co.za) produziert feinen Merlot, Chardonnay und Cabernet, Restaurant im Freien (Mi bis So 8–17 Uhr). › mehr S. 13 Punkt ❽

› mehr S. 13 Punkt ❽

INFO

Paarl Tourism
Mo–Fr 8.30–17, Sa, So 10–13 Uhr
• 216 Main St. | Tel. 021/872 4842
  www.paarlonline.com

HOTELS

Grande Roche €€€
Tophotel auf einem Weingut mit Schwimmbad, Fitnesscenter und Tenniscourts; Spezialitäten im Restaurant Bosman's sind Lamm- und Fischgerichte, erlesene Weine.
• Plantasie St. | Tel. 021/863 5100
  http://granderoche.com

De Wingerd Wijnland Lodge €€
Kleines Gästehaus nahe dem Zentrum, hilfsbereite Gastgeber, sichere Parkplätze.
• 77 Waltham Cross St.
  Tel. 021/863 1994 | www.wingerd.co.za

RESTAURANTS

Noop €€
Junge moderne crossover-Küche, vom Burger bis zu Kürbis-Ravioli.
• 127 Main Road | Tel. 021/863 3925
  www.noop.co.za

DAS KAP DER GUTEN WEINE

Wild zerklüftete Berge umrahmen das Weinanbaugebiet rund um Stellenbosch

Südafrikanische Weine haben Tradition und stehen auch bei Käufern in Europa inzwischen hoch im Kurs. Die Produktpalette ist vielfältig, die Geschmackrichtungen bieten jede Nuance. Historisches Zentrum des Weinanbaus ist das Dreieck Stellenbosch – Paarl – Franschhoek. Exzellente (und meist preisgünstigere) Tropfen kommen aus dem Gebiet um Robertson (östlich von Stellenbosch) und von der Westküste. Die meisten Reben werden dort angebaut, wo man es nicht vermutet: am Rand der Kalahari-Halbwüste, westlich von Upington entlang des Oranje-Flusses. Ein Großteil der Ernte wird dort zu Rosinen verarbeitet.

WEINSORTEN

Aus der Alten Welt wurden die bedeutendsten Trauben importiert: für Weißweine Chenin Blanc, Chardonnay und später auch Riesling, Cabernet Sauvignon, Merlot und Shiraz für Rotweine. Eine speziell südafrikanische Rotweintraube ist Pinotage, eine Kreuzung aus den Rebsorten Pinot Noir (Spätburgunder) und Cinsaut (Hermitage).

Die Weinlese am Kap findet im Februar statt, bei Temperaturen um die 40 °C. Kein Wunder also, dass die südafrikanischen Weine schwer sind (bis zu 15 Vol.-% Alkohol bei Rotweinen), dafür aber sehr körperreich.

WEINGÜTER

Bis auf einige Ausnahmen sind auch in Südafrika die Erzeugnisse der bekannten Weingüter teurer (aber nicht immer besser) als Weine aus Gegenden ohne kapholländische Architektur. So wird man z. B. an der **Robertson Wine Route,** 100 km

Südafrika zählt zu den wichtigsten Weinproduzenten der Welt

östlich von Paarl, sehr gute Entdeckungen machen (www.robertson winevalley.com). Das Gleiche gilt auch für die **Swartland-Weinroute** ca. 100 km nördlich von Kapstadt bei Malmesbury (www.swartland wineandolives.co.za).

- Ein bekanntes historisches Gut von 1865 ist **Boschendal** in Franschhoek (Tel. 021/870 4210, www.boschendal.com).
- Vor allem für seine Weißweine heimst **Villiera** in Koelenhof, knapp 15 km nördlich von Stellenbosch immer wieder Medaillen ein (Tel. 021/865 2020, www. koelenhof.co.za).
- Top-Rotweine und ein gutes Restaurant bietet **Blaauwklippen** in Stellenbosch (Tel. 021/880 0133, www.blaauwklippen.com) an der R 44 nach Somerset West.
- **Nelson's Creek** bei Paarl hatte als eines der ersten Weingüter Rebflächen unter Verwaltung von Farbigen gestellt. Herausragend

ist der Pinotage. Hier kann man auch sehr schön übernachten (nur mit Selbstversorgung). (Tel. 021/869 8453, www. nelsonscreek.co.za).

WEINFESTE

- An drei Tagen im Februar feiern Winzer aus Stellenbosch ihr **Stellenbosch Wine Festival** (Tel. 021/886 4310, www.stellenbosch winefestival.co.za).
- 300 Weine von ca. 40 Gütern präsentiert das zweitägige Fest **Wine on the River** im Oktober in Robertson (Tel. 023/626 3167, www.wineonriver.com).

BUCHTIPP

Der South African Wine Guide von John Platter (www.wineonaplatter.com) erscheint jedes Jahr neu. Darin werden alle Weingüter des Landes beschrieben und die Weine bewertet. Außerdem findet man viele Informationen zu Restaurants und Übernachtungsmöglichkeiten.

Terra Mare €€

Gemütlich eingerichtetes Lokal mit mediterraner Fischküche im Fusion-Stil und feinen Standardgerichten der Kap-Küche.

• 90 A Main St. | Tel. 021/863 4805
http://terra-mare.co.za | So geschl.

FRANSCHHOEK 11 ■ C8

Der kleine Ort ist eine Gründung von Hugenotten. Durch ihre Kenntnisse im Weinbau trugen sie zum guten Ruf der südafrikanischen Weine bei. Franschhoek wird von schroffen Bergen überragt; die meisten Weingüter tragen französische Namen: **Dieu Donné, La Provence** oder **Mont Rochelle.** Der in Südafrika geborene Deutsche Achim von Arnim und sein Sohn Takuan produzieren auf **La Cabrière** hervorragenden Sekt in Flaschengärung (Tel. 021/876 8500, www.cabriere.co.za).

HOTEL

The Corner House €

Sehr persönlich geführtes und angenehmes Gästehaus mit sechs Zimmern.

• 5 Unsion St. | Tel. 021/876 4729
www.thecornerhouse.co.za

DREI-PÄSSE-FAHRT

Den Pfad über den **Franschhoek Pass** trampelten einst Elefanten aus, ehe 1819 der Weg bis zur 701 m hohen Anhöhe ausgebaut wurde. Von hier bietet sich ein wunderschöner Ausblick auf das Weinanbaugebiet der namensgebenden Stadt. Nach dem politisch engagierten Farmer Sir Anthony Viljoen wurde der 525 m hohe **Viljoen Pass** benannt. Für die ersten Siedler wur-

de 1838 der **Sir Lowry's Pass** befestigt. Während der Talfahrt genießt man einen wunderbaren Überblick über die False Bay und die Kap-Halbinsel. Gleich nach dem Pass gelangt man zum Eingang des **Hottentots Holland Nature Reserve**, bekannt für seine einzigartige Fynbos-Vegetation und guten Wandermöglichkeiten (www.capenature.co.za/reserves).

HERMANUS 12 ★ ■ C8

In der Hauptstadt der Walroute an der Walker Bay verkündet im südafrikanischen Winter ein Ausrufer am Strand, wo gerade Buckel- oder Glattwale in Ufernähe aufgetaucht sind. Wal-Saison ist von Juli bis Ende November (Wal-Festival Ende September). Die Berge reichen hier bis an die felsige Küste, an der sich die Wellen brechen. Die meisten Besucher kommen wegen der Sandstrände und zum Angeln. Etwas nordöstlich erkundet man im **Fernkloof Nature Reserve** die Kapflora (Tel. 028/313 0819, www.fernkloof.com). › mehr S. 13 Punkt ❹

INFO

Touristenbüro

• Old Station Building
Tel. 028/312 2629
www.hermanustourism.info

HOTELS

Windsor Hotel €€€

Altes Familienhotel direkt am Meer; Wale beobachtet man vom Zimmer aus.

• 49 Marine Drive | Tel. 028/312 3727
www.windsorhotel.co.za

In den Sanddünen im De Hoop Nature Reserve fühlt man sich fast in die Wüste versetzt

138 Marine Beachfront Guesthouse €
Liebevoll eingerichtetes Gästehaus mit fantastischem Blick auf das Meer direkt am Whale Walk.

- 138 Kus Road | Tel. 028/316 3447
  www.138marine.co.za

RESTAURANT

Bientang's Cave €–€€
Beste Pasta, frischen Fisch, guter Wein.

- Beim alten Hafen | Tel. 028/312 3454
  www.bientangscave.com

CAPE AGULHAS 13 📖 D8

Der südlichste Punkt Afrikas erhielt den Namen Nadelkap von den portugiesischen Seefahrern, die im 15. Jh. den gefährlichen Punkt umschifften. In den rauen Gewässern am Zusammentreffen von Atlantischem und Indischem Ozean liefen viele Schiffe auf Grund, auch der alte Leuchtturm von 1848 konnte dies nicht verhindern. In ihm ist ein kleines Museum untergebracht, von oben bietet sich ein schöner Ausblick.

1999 wurde das eher unspektakuläre Cape zum Nationalpark erklärt – es ist vor allem bei Anglern beliebt (www.sanparks.org/parks/agulhas). › mehr S. 16 Punkt ㉔

DE HOOP NATURE RESERVE 14 📖 D8

Nur wenige Reisende besuchen das wunderschöne Reservat, das seit 2004 zum UNESCO-Weltnaturerbe gehört. Ein Grund dafür mag die Anfahrt über eine 30 km geschotterte Piste sein. An der kilometerlangen Küste mit Sanddünen lassen sich von Juli bis November Wale und Delfine beobachten. An Land kann man insgesamt über 80 Säugetierarten entdecken, darunter die seltenen Buntbock-Antilopen, Bergzebras und Strauße. Mehrere interessante Wanderwege führen durch das 35 000 ha große Reservat, als Unterkünfte dienen Hütten für Selbstversorger (Tel. 021/422 4522, www.dehoopcollection.co.za).

SWELLENDAM 15 🔖 D8

Das interessanteste historische Gebäude in der drittältesten Stadt Südafrikas ist die alte Landvogtei, die **Drostdy,** 1746 in klassischer U-Form erbaut und strohgedeckt. Innen sind alte Möbel und Gemälde zu sehen (Mo–Fr 9–16.45, Sa, So 10 bis 15 Uhr, www.visitswellendam. co.za). Den Ort selbst überragen die vier wild zerklüfteten Gipfel der Langeberge. Seit Ankunft der Niederländer sind sie nur als 10, 11, 12 und 13 Uhr bekannt, weil sie – zumindest um die Mittagszeit – eine gigantische natürliche Sonnenuhr bilden.

Südlich von Swellendam leben im **Bontebok-Nationalpark** die seltenen Buntböcke, Bergzebras und 200 Vogelarten; im Breede kann man angeln (www.sanparks.org/ parks/bontebok).

HOTEL
Aan de Oever Guest House €
Gemütliches Gästehaus mit zwölf elegant möblierten Zimmern, Pool.
• 21 Faure St. | Tel. 028/514 1066
  www.aandeoever.com

MONTAGU 16 🔖 D8

Historische Häuser und britischer Charme kennzeichnen den kleinen Ort am westlichen Rand der Kleinen Karoo – berühmt für den vor-

züglichen Muscadel-Wein und die 43 °C warmen Thermalquellen Avalon Springs (3 km außerhalb, tgl. geöffnet). Schöne Wanderwege erschließen die reizvolle Umgebung des Ortes.

HOTELS
Kingna Lodge €€
Viktorianisches Gebäude mit vielen Antiquitäten. Exquisites Essen in schönem Speisezimmer.
• 11 Bath St. | Tel. 023/614 1066
  www.kingnalodge.co.za

Avalon Springs Hotel €€
Das moderne Resort-Hotel liegt 3 km außerhalb direkt bei den warmen Mineralquellen in einer Schlucht. Man darf auch abends in die Pools steigen.
• Uitvlucht St. | Tel. 023/614 1150
  www.avalonsprings.co.za

WORCESTER 17 🔖 C8

Die Industrie- und Handelsstadt ist der zentrale Versorgungsort der Region rund um den Hex River und das Breede-Tal. Weinabfüllungen, Obstmärkte und die großen Brandy-Fabriken bestimmen das wirtschaftliche Leben. Der südafrikanische Brandy galt schon immer als hervorragender Tropfen, der es durchaus mit spanischen Erzeugnissen aufnehmen kann. Das **KWV House of Brandy** in der Church Street ist der Stammsitz der Firma für die Herstellung von Branntwein (http://campaigns.kwv.co.za).

Im Freilichtmuseum **Kleinplasie Farm** hat man die verschiedenen Hütten und Häuser der Völker Südafrikas aufgebaut. Nicht nur Kinder finden die Vorführungen von typischem Handwerk wie Brot backen, Schafschur oder Seifenherstellung informativ (http://worcestermuseum.org.za, Tel. 023/342 2225, Mo bis Fr 8–16.30, Sa 8–13 Uhr).

TULBAGH 18 C7

Ein Erdbeben zerstörte 1969 viele alte Häuser in dem 1700 gegründeten Städtchen. In der **Church Street** hat man etliche Bauten wieder restauriert. Die Niederländisch-Reformierte Kirche (1743) und drei benachbarte Häuser dienen heute als Volkskundemuseum (Mo–Sa 9–16, So 10/11–16 Uhr, www.tulbagh.net). Etwas außerhalb liegt der ele-

Felsmalereien der San in den Cederbergen

gante Bau **Oude Drostdy** von 1806, heute das Weingut **Drostdy-Hof** mit Weinkostung (Tel. 023/230 0203, www.drostdyhof.co.za). Im Keller lagern die edlen Tropfen des nahen Drostdy-Weinguts. Der Weinkeller **Twee Jonge Gezellen** bei Tulbagh ist auf Sekt spezialisiert (Tel. 023/230 0680, www.houseofkrone.co.za).

RESTAURANT

The Olive Terrace €-€€
Südafrikanische Küche auf hohem Niveau zu erschwinglichen Preisen.
• 22 Van der Stel St. | Tel. 023/230 0071

IN DEN CEDER-BERGEN 19 C7

Etwa 70 000 ha einmalige Berglandschaft zwischen Ceres und Clanwilliam stehen in der **Cederberg Wilderness Area** unter Naturschutz. Bis auf 2028 m (Sneuberg) erheben sich die zerklüfteten Cederberge. Die hier wachsende Clanwilliam-Zeder gab dem Gebiet ihren Namen. Gute Wanderwege erschließen die imposante Bergwelt mit Schluchten, Wasserfällen und bizarr erodierten Felsen wie z. B. dem Maltheserkreuz. Bei der Algeria Forest Station kann man herrlich zelten (Tel. 072/446 9977, www.capenature.co.za).

Clanwilliam 20 C7 am Olifants River wurde 1820 gegründet und besitzt schöne Häuser aus jener Zeit. Im Old Goal von 1808 ist heute das Stadtmuseum untergebracht. Die Gegend ist bekannt für Zitrusfrüchte, Tabak, Gemüse und den aus den getrockneten Blättern des Rotbuschs erzeugten Rooibostee.

UNTERKUNFT

Blommenberg Guest House €€
12 Zimmer, z. T. mit Kochgelegenheit, gruppieren sich um den Innenhof eines alten Farmhauses am Ortseingang; Pool.
• 1 Graafwater Road | Clanwilliam
  Tel. 027/482 1851
  www.blommenberg.co.za

NAMAQUALAND  B5

In den kleinen Ort **Kamieskroon** strömen während der Wildblumenblüte Besucherscharen, um die einmalige Blumenpracht zu erleben. **Springbok** ist die Hauptstadt des Namaqualandes. Im nahen **Goegap Nature Reserve** wachsen neben diversen Sukkulenten auch bizarre Köcherbäume, die mit den geringen Niederschlägen der Region auskommen. Im Winter sieht man Antilopen, Gazellen und Bergzebras auf den bunten Blumenwiesen.

Margaritenblüte im Namaqualand

Nordwestlich von Springbok erstreckt sich die menschenleerste und wildeste Ecke Südafrikas. In dieser Mondlandschaft mit steinigen Bergen und wasserlosen Flussbetten gedeihen unzählige wasserspeichernde Pflanzen. Lohnend ist die Fahrt durch die wüstenhafte Gegend am Atlantik von **Port Nolloth** bis zum Diamantenort Alexan-

---

💬 **BLUMENRAUSCH**

Von Mitte August bis Ende September verwandelt sich das öde Hinterland der nördlichen Westküste in ein Blütenmeer – v. a. in dem Gebiet zwischen Garies und Springbok. Die Wildblumenblüte beginnt schon bei Clanwilliam; dort werden in der ersten Septemberhälfte Blumenausstellungen organisiert. Nach den seltenen Regenfällen brechen Mittagsblumen und Namaqua-Daisies, sog. Kapmargariten, aus der Erde und überziehen weite Flächen mit einem orangefarbenen, gelben und blauen Teppich. Nicht alle Pflanzen stehen gleichzeitig in Blüte: Über den aktuellen Stand informiert die Namaqua Flower Hotline, Tel. 072/760 6019, www.experiencenortherncape.com.

der Bay direkt an der Grenze zu Namibia. Obwohl es dort einen Grenzposten gibt, ist die Weiterfahrt in das namibische Diamantensperrgebiet nur mit Sondergenehmigung möglich.

Im Grenzgebiet zu Namibia windet sich der Oranje River durch eine grandiose Bergwelt zum Atlantik. Hier schützt der südafrikanische Teil des grenzübergreifenden Schutzgebietes, der **Richtersveld National Park,** eine wilde, unerschlossene Halbwüste mit endemischen Sukkulentenarten. Den Park kann man nur mit Allradfahrzeugen erkunden (www.sanparks.org/parks/richtersveld). Wegen der langen Distanzen sollte man sich mindestens zwei Tage Zeit nehmen.

INFO

Richtersveld Tours
Organisiert Exkursionen in den Richtersveld National Park mit Geländewagen oder mit dem Mountain Bike.
• Tel. 082/335 1399
  www.richtersveldtours.com

HOTELS

Naries Guest Farm €€
Gute Verpflegung mit Hausmannskost, Touren zu Wildblumenwiesen auf dem Farmgelände.
• 27 km westl. von Springbok
  Tel. 027/712 2462 | www.naries.co.za

Kamieskroon Hotel €-€€
Familienhotel; Fotokurse in der Blumensaison März/April und Aug./Sept.
• Old National Road | Kamieskroon
  Tel. 027/672 1614
  www.kamieskroonhotel.com

DIE WESTKÜSTE

Berühmt ist der Blick vom **Bloubergstrand** über die Bucht von Kapstadt und den Tafelberg. Über den meist heftigen Wind an den langen Sandstränden freuen sich Wind- und Kitesurfer. Auch das Fischer- und Feriendorf **Langebaan** 21 📱 C7 zieht vor allem Surfer, Segler und Angler an. Der nahe **West Coast National Park** 📱 C7 erstreckt sich auf beiden Seiten einer 25 km langen Lagune, ein Vogelparadies, im Frühjahr dazu ein Blütenmeer (www.sanparks.org).

HOTEL

The Farmhouse €
Hübsches Hotel am Meer mit gutem Restaurant.
• 5 Egret St. | Langebaan
  Tel. 022/772 2062
  www.thefarmhousehotel.com

RESTAURANT

Die Strandloper €€
Im improvisierten Openair-Restaurant direkt am Strand gibt es zehn Gänge Fisch und Meeresfrüchte direkt vom Grill – zum fairen Festpreis. Reservieren! > mehr S. 14 Punkt **15**
• Langebaan | Tel. 022/772 2490
  www.strandloper.com
  Sommer 4x/Woche mittags u. abends.

Im Fischer- und Ferienort **Lambert's Bay** 22 📱 C7 ist ebenfalls Fisch essen angesagt. Die durch einen Pier mit dem Festland verbundene **Bird Island** ist Nistplatz für ca. 14 000 Kaptölpel; man kann sie vom Aussichtstum beobachten.

DER SÜDEN

Typisch für Bergzebras sind der
weiße Bauch und die rotbraune Nase

Lagunen, Strände und Wälder kennzeichnen die Garden Route. Die üppige Küstenvegetation bildet einen faszinierenden Kontrast zur Halbwüste der Kleinen Karoo. Wildreiche Parks erwarten Besucher bei Port Elizabeth.

Kaum ein Besucher Südafrikas wird sich die malerische Garden Route von Mossel Bay bis zum Tsitsikamma National Park entgehen lassen, zu verlockend sind die dichten Wälder, die kleinen Seen, steilen Küsten und langen Sandstrände. Wem die Küstenroute entlang der N 2 zu sehr befahren ist, dem bieten sich zahlreiche Möglichkeiten für Abstecher ins Landesinnere. So wartet hinter den »Blauen Bergen« die unendliche Weite der trockenen, einsamen Halbwüste der Kleinen Karoo. In Oudtshoorn kann man sich auf einer der zahlreichen Farmen mit der Straußenzucht vertraut machen und sich im riesigen Höhlensystem der nahen Cango Caves verlieren.

Unvergesslich bleiben die Ausblicke von der spektakulären Swartberg-Passstraße auf die bizarre Berglandschaft oder die Fahrt durch die enge Schlucht bei De Rust mit beeindruckenden Felsformationen. Höhepunkte im Hinterland der Hafenstadt Port Elizabeth sind wildreiche Tierparks wie der Addo Elephant und der Mountain Zebra Park. Geschichtsträchtig wird es gegen Osten: In Grahamstown sind die Spuren der britischen Einwanderer noch deutlich zu sehen, entlang des Great Fish River liegen die historischen Schlachtfelder. Mit schönen Sandstränden warten die Orte an der Küste, wie z. B. Kei Mouth, auf. Port Alfred gilt als Surferparadies.

Unberührt sind Berge und Strände im Robberg Nature Reserve bei Plettenberg Bai

TOUREN IN DER REGION

GARDEN ROUTE UND KLEINE KAROO

ROUTE: Port Elizabeth › Tsitsikamma N. P. › Plettenberg Bay › Knysna › Wilderness National Park › Mossel Bay › Oudtshoorn › Cango Caves › Swartberg Pass › Prince Albert › Karoo National Park › Port Elizabeth

KARTE: Seite 86
DAUER UND LÄNGE: 6 Tage, ca. 1030 km
PRAKTISCHE HINWEISE:
- Übernachtungen in kleineren Orten vorher reservieren, Campingplätze und Hotels an der Garden Route, v. a. um Weihnachten, weit voraus.
- Bei Regen ist die Schotterstraße über den Swartberg Pass nicht mit Pkw befahrbar.

TOUR-START:

Zwischen **Port Elizabeth/Nelson Mandela Bay** 1 › S. 83 und **Mossel Bay** 8 › S. 89 verläuft die malerische Garden Route. Nach einem Tag an den sicheren Stadtstränden von Port Elizabeth geht es in westlicher Richtung in die wilde, stürmische Landschaft des **Tsitsikamma National Park** 3 › S. 85. Hier kann man

gut und gern einen Tag in einer der gemütlichen Holzhütten direkt hinter der Felsenküste verbringen und bei einer Wanderung die Küste erkunden. Plett, wie **Plettenberg Bay** 4 › S. 86 kurz genannt wird, besticht mit einer breiten, lang gezogenen Sandbucht.

Wunderschön unterhalb der Küstenbergkette liegt **Knysna** 5 › S. 87 an einer Lagune mit zwei hohen Sandsteinkliffs am Eingang. Nicht nur Austernliebhaber sollten hier einen Stopp einlegen, die Hotellerie bietet viel Auswahl. Zahlreiche Wanderwege durch Strand-, Dünen- und Flusslandschaften oder eine Kanutour locken im **Wilderness National Park** 6 › S. 88.

George 7 › S. 89 liegt zu Füßen der Outeniqua-Berge und ist der Hauptort der Garden Route. Wer einmal in einer der typischen Strohhütten schlafen möchte, sollte in **Mossel Bay** 8 › S. 89 Station machen. Hier liegt auch die Karavelle von Bartholomeu Diaz, der als erster Europäer die Südküste betrat.

Oudtshoorn 9 › S. 90 in der wüstenhaften Kleinen Karoo lebt seit mehr als hundert Jahren von der Straußenzucht. Um eine der Straußenfarmen zu besuchen, legt man am besten einen Stopp ein. Die **Cango Caves** 10 › S. 91 gehören zu den größten und ausgedehntesten Tropfsteinhöhlen der Welt.

Nach der spannenden Fahrt über den spektakulären **Swartberg Pass** 11 › S. 91 ist eine Pause mit

Übernachtung in der Oase **Prince Albert** 12 › S. 91 mit seinem historischen Ortsbild willkommen. Alle Anhänger wilder und einsamer Berglandschaften sollten noch einen Ausflug in den **Karoo National Park** 13 › S. 91 mit seinen bizarren Tafelbergen einplanen, bevor sie wieder in die Zivilisation an der Küste zurück kehren.

ELEFANTEN UND BERGZEBRAS

ROUTE: Port Elizabeth › Addo Elephant N. P. › Grahamstown › Port Alfred › East London › Kei Mouth › Mountain Zebra N. P. › Graaff-Reinet › Port Elizabeth

---

KARTE: Seite 87
DAUER UND LÄNGE: 5–6 Tage, ca. 1270 km
PRAKTISCHE TIPPS:
- Unterkünfte im vielbesuchten Addo Elephant Park sehr rechtzeitig vorbuchen, v. a. für die Wochenenden und die Schulferien. Während des National Festival of Arts im Juni/Juli ist in Grahamstown alles ausgebucht!
- Die Entfernungen zwischen den einzelnen Orten sind z. T. recht groß, deshalb sollte man rechtzeitig nach einer Unterkunft schauen.
- Mietwagenfirmen sind am Flughafen Port Elizabeth vertreten.

TOUR-START:

Elefanten wird man im **Addo Elephant National Park** 2 › S. 84 ziemlich sicher zu Gesicht bekommen – neben vielen anderen Tieren, darunter auch die »Big Five«. Auf alle Fälle sollte man eine Nacht im Park verbringen, um die Tiere an den abends beleuchteten Wasserlöchern zu erleben. Wer sich für viktorianische Architektur interessiert, kommt an **Grahamstown** 16 › S. 92 nicht vorbei. Bei **Port Alfred** 17 › S. 93 oder **Kei Mouth** 19 › S. 93 laden weite Sandstrände zu Wassersport und Spaziergängen ein, in beiden Orten lohnt es sich zu bleiben. Nicht so leicht kann man die seltenen Bergzebras im gebirgigen **Mountain Zebra National Park** 15 › S. 92 beobachten, dafür ist hier eine Safari zu Pferd ein besonderes Abenteuer. Dazu mindestens eine Übernachtung im nahen Ort Cradock buchen!

Das Schatzkästchen der Karoo, **Graaff-Reinet** 14 › S. 92, schmückt sich mit vielen architektonischen Perlen. In der Innenstadt stehen allein 200 Gebäude im kapholländischen Stil unter Denkmalschutz, Grund genug für einen Aufenthalt mit Übernachtung. Zum Abschluss kann man an den Stadtstränden von **Port Elizabeth** 1 › S. 83 noch einmal schwimmen und surfen.

WICHTIGE ADRESSE

Regionales Touristeninformationszentrum Garden Route & Klein Karoo
- 124 York St. | George
  Tel. 044/801 9299
  www.georgetourism.org.za

UNTERWEGS IM SÜDEN

PORT ELIZABETH / NELSON MANDELA BAY

1 ⬛ F8

Das »Detroit Südafrikas« ist Zentrum der Autoindustrie. Dank der schönen Strände verdienen die fast 1 Mio. Einwohner auch mit dem Tourismus gut, **Pollock Beach** z. B. ist ein Surfer-Paradies. Schon 1799 errichteten die Briten das Fort Frederick. 1820 siedelten sich 4000 britische Siedler an.

Im Zentrum hat die »friendly city« ihr historisches Gesicht bewahrt. Ein guter Ausgangspunkt für eine Stadtbesichtigung ist der 52 m hohe **Campanile** am Hafen, 1923 zu Ehren der ersten Siedler erbaut. Von oben bietet sich ein toller Rundblick über Stadt und Küste (Mo–Fr 9–16, Sa 9–15 Uhr). Den **Market Square,** auf dem Sonntag morgens ein Flohmarkt stattfindet, dominiert das prächtige **Rathaus** (1858).

Am Hang eines Hügels oberhalb der Algoa Bay ließ der Vizegouverneur am Kap, Sir Donkin, 1820 den Botanischen Garten **Donkin Reserve** anlegen. In dessen **Leuchtturm** (1861) befindet sich das Büro der Tourismusinformation. Nördlich des Botanischen Gartens schließt sich die **Donkin Street** mit schönen Gebäuden an, die zwischen 1860 und 1870 erbaut wurden.

Das **Wezandla Gallery und Art Centre** verkauft afrikanisches Kunsthandwerk von Schnitzereien über Flechtwerk und Schmuck bis zu Tischwäsche. Zwar sind die Preise nicht ganz günstig, dafür erhält man gute Qualität und wird kompetent beraten. Man kann sich den Kauf auch nach Hause schicken lassen (37 Parliament St., Tel. 041/585 1185, www.wezandla.co.za).

Im **Nelson Mandela Metropolitan Art Museum** werden moderne Kunstwerke (19. /20. Jh.) ausgestellt (1 Park Drive, Mo–Fr 9–17 Uhr, Di vorm. geschl, Tel. 041/506 2000, www.artmuseum.co. za).

Neben Pretoria und Kapstadt besitzt auch Port Elizabeth einen Ableger des südafrikanischen **South African Air Force Museum**. Gezeigt werden Flugzeuge von den 1930er-Jahren bis aus heutiger Zeit, Hubschrauber und auch ein Bodeneffektfahrzeug (Forest Hill Drive, Southdene, Tel. 041/505 1295, Di bis Do 8–15, Sa, 9–15, So 10–15 Uhr, https://saafmuseum.org.za).

INFO

Port Elizabeth Visitor Info Centre
Mo–Fr 8–16.30, Sa, So 9.30–15.30 Uhr
• Donkin Reserve | Tel. 041/585 8884
  www.nmbt.co.za

VERKEHR

• **Flughafen** > S. 26: Verbindungen nach George und East London.
• **Bus- und Bahn:** Vom Bahn- und Busbahnhof (Settlersway) starten Züge und Überlandbusse entlang der Garden Route. Minibusse starten an der Strand Street unter der M4.

- **Schiffstouren:** Ab Tug Jetty starten Hafenrundfahrten, Sunset Cruises und Ausflüge zur Insel Santa Cruz.

The Humewood €€

Angenehmes Haus mit 70 Zimmern nahe dem King's Beach.

- 33 Beach Road | Tel. 041/585 8961
www.humewoodhotel.co.za

Summerstrand €€

Groß und modern mit guter Küche, Pool, Tennis.

- Marine Drive | Summerstrand
Tel. 041/583 3131
www.summerstrandhotel.com

RESTAURANT

Sticky Fingers Wood fire Kitchen €

Überaus leckere Fleischgerichte auf Holzkohle von Rind bis Lamm, von Antilope bis Huhn.

- Webber Street | South End
Tel. 079/316 7541 | Di–Sa 18–23 Uhr

AUSFLUG: ADDO ELEPHANT NATIONAL PARK ② ⭐ 📖 F7

In dem 164 000 ha großen malariafreien Nationalpark (www.sanparks.org/parks/addo), ca. 70 km nördlich von Port Elizabeth, lassen sich außer den berühmten Kapelefanten auch Spitzmaulnashörner, Büffel, Elanantilopen, Kudus, Löwen, Geparde, Flusspferde und Leoparden beobachten. Die Parkteile Darlington, Kabouga, Zuurberg Section, Main Game Area sowie Colchester und Woody Cape Section an der Küste umfassen fünf von sieben Ökozonen (Biomen) Südafrikas. Der Park wird kontinuierlich erweitert, die Urwälder und Küstendünen bei Alexandria sowie der vorgelagerte marine Lebensraum mit den St. Croix und Bird Islands wurden bereits in das Schutzgebiet

💬 **RETTUNG DER KAPELEFANTEN**

Die weißen Bewohner Südafrikas hatten um 1900 die Elefanten südlich des Vaal-Flusses schon beinahe ausgerottet. Einige große Herden zogen sich in die Gegend nördlich von Port Elizabeth zurück, in der aber mittlerweile viele Farmer lebten. Da die Dickhäuter ihre Felder ruinierten, waren sie bald ihres Lebens nicht sicher. Der Großwildjäger Pretorius schoss nach dem Ersten Weltkrieg in einem Jahr an die 130 Elefanten; nur 16 überlebten. Diese letzten Kapelefanten waren Menschen gegenüber höchst aggressiv. Buchstäblich fünf Minuten vor zwölf wurde die »Hölle des Jägers« 1931 zum **Addo Elephant National Park** erklärt. Es dauerte jedoch Jahrzehnte, bis die Elefanten sich an Menschen gewöhnten und eine neue Generation heranwuchs. Heute leben auf einer Fläche von 1800 km² rund 600 Elefanten. Kein anderes Reservat in Küstennähe beherbergt eine größere Anzahl der Dickhäuter und nirgendwo sind sie leichter zu beobachten. Seit 2005 sind sämtliche »Big Five« zurück, dazu Kapbüffel und viele Antilopenarten.

Etwas Nervenkitzel verspürt man auf der Hängebrücke über den Storms River

miteinbezogen. Sehenswert sind die einsamen Sanddünenstrände und Wälder in der Woody Cape Section bei Alexandria (Wanderungen).

DIE GARDEN ROUTE

TSITSIKAMMA
NATIONAL PARK **3** 📖 E8

Über die eindrucksvolle, 190 m lange **Storms River Bridge,** die in 130 m Höhe über dem Fluss zu schweben scheint, gelangt man in den Park, der Teil des Garden Route National Park ist. Dichte Gelb- und Stinkholzwälder reichen bis zum Meer. Den besten Eindruck von der wilden Küstenlandschaft erhält man auf dem **Otter Trail,** der auf 42 km Länge von Storms River bis zum Nature's Valley führt.

INFO:

Pro Tag wird maximal zwölf Wanderern im Alter von 12 bis 65 Jahren Eintritt gewährt, eine Genehmigung für die anstrengende, fünftägige Tour muss ein Jahr im Voraus eingeholt werden (Tel. 012/426 5111).

Die ersten 3 km bis zu einem Wasserfall darf man ohne Erlaubnis begehen, ebenso den kürzeren Plankenweg zur Mündung des Storms River. Die Hängebrücke über die Schlucht ist zwar an dicken Stahlseilen befestigt, schaukelt aber etwas beängstigend. Unten vermischt sich das Meer mit dem Wasser des Flusses. Geübte Schnorchler können sich auf einem Unterwasserlehrpfad über die Meeresflora und -fauna informieren (www.untouchedadventures.com). › mehr S. 12 Punkt **2**

UNTERKUNFT

Selbstversorgerhütten, Ferienwohnungen und Campingplatz im **Storms River Mouth Rest Camp.** Im Park stehen Hütten zur Verfügung. Reservierung über Central Reservations in Pretoria.

• Tel. 012/428 9111 | www.sanparks.org

PLETTENBERG BAY 4 ▮ E8

»Plett« ist einer der beliebtesten Badeorte an der Garden Route – und einer der vornehmsten, wie die vielen Luxusferienhäuser zeigen. Makellose Sandstrände begrenzen die weite Nehrung. Der portugiesische Seefahrer da Perestrelo taufte den Ort mit Recht Bahia Formosa – schöne Bucht. Über Weihnachten/ Neujahr sind die Hotels hoffnungslos ausgebucht. Von Juli bis November kommen so wie bei Hermanus › S. 73 Wale auch hier nahe an die Küste, **Lookout Beach** ist ein guter Beobachtungspunkt.

17 km westlich des Ortes weist ein Schild den Weg zum **Big Tree.** Dieser »Groote Boom« ist ein gigantischer Gelbholzbaum von 37 m

TOUREN IM SÜDEN

TOUR 5 GARDEN ROUTE UND KLEINE KAROO › S. 81

Port Elizabeth › Tsitsikamma National Park › Plettenberg Bay › Knysna › Mossel Bay › Oudtshoorn › Swartberg Pass › Prince Albert › Prince Alfred's Pass › Port Elizabeth

Höhe, der stolze 800 Jahre zählt. Ein
kleiner Rundweg führt durch dichten Wald zum Big Tree.

HOTELS

Starfish Guestlodge €€€
Lodge mit nur 4 Zimmern (B & B) zwei Geh-
minuten vom Robberg Strand.
● 17 Cordovan Crescent | Tel. 044/533 1345
www.starfishlodge.co.za

T'Niqua Stable Inn €-€€
Sieben gemütliche Zimmer und Cottages
und ausnehmend zuvorkommende Gastge-

ber; geführte Reitausflüge möglich. 4km
außerhalb.
● B15 Robberg Rd. | Roodefontein
Tel. 083/996 0000
www.tniquastableinn.wordpress.com

KNYSNA [5] ⭐ ▮ E8

Die 50 000 Einwohner der reizvolls-
ten Stadt an der Garden Route leben
von der Holzindustrie und der Aus-
ternzucht. Zwei gewaltige Felsvor-
sprünge, die **Heads of Knysna**,
überragen den Ort und schützen
ihn vor dem stürmischen Ozean –

TOUR ❻ ELEFANTEN UND BERGZEBRAS › S. 82

Port Elizabeth › Addo Elephant National Park › Grahamstown › Port Alfred ›
East London › Kei Mouth › Mountain Zebra National Park › Graaff-Reinet ›
Port Elizabeth

eine herrliche Kulisse. Hinter der Lagune erstrecken sich kilometerlange Traumstrände, östlich beginnt der Sandstrand von **Noetzie**. Das Restaurantschiff »John Benn« kreuzt zwischen den Knysna Heads (1,5 Std., Abfahrten 12.30, 18 Uhr, im Winter 17 Uhr ab Waterfront Quays, Tel. 044/382 1693). Spektakulär ist auch eine Lunch- oder Dinnerfahrt in der Lagune auf Südafrikas einzigem **Schaufelraddampfer** (Abfahrt ab Featherbed Ferry Terminus, tgl. 13, 18.15 Uhr, im Winter 17.45 Uhr, Tel. 044/382 1693, www.knysnafeatherbed.com). › mehr S. 14 Punkt ⑫

INFO

Knysna Tourist Information
Mo–Fr 8–17, Sa 8.30–13 Uhr
- 40 Main Road | Tel. 044/382 5510
  www.visitknysna.co.za

HOTELS

Falcons View Manor €€
Auf einem Hügel mit tollem Blick über die Lagune, Boutiquehotel mit Einrichtung in englischem Stil, Pool, Restaurant.
- 2 Thesen Hill | Tel. 044/382 6767
  www.falconsview.com

Abalone Lodge €-€€
Schöne Anlage mit Blockhütten (zur Selbstversorgung) und Lagunenblick, Schwimmbad.
- 20 Heron's Way | Lower Old Place
  Tel. 044/382 2934
  www.abalonelodges.co.za

Brenton-on-Sea-Chalets €
Direkt am Meer, Holzhäuschen, Chalets (z. T. mit Küche), Zimmer.

- Swart Drive | Tel. 044/381 0082
  www.brentononsea.net

RESTAURANTS

Dry Dock Food Co. €€
Täglich Lunch und Dinner mit Seafood, Salaten, Pasta und vegetarischen Gerichten.
- Knysna Quays | Tel. 044/382 7310
  www.drydock.co.za

Freshline Fisheries €
Fisch direkt vom Boot in entspannt-rustikaler Atmosphäre, kein Wein.
- Railway Siding Dockyard
  Tel. 044/382 3131
  www.freshlinefisheries.co.za

SHOPPING

An der Maine Street steht das **Woodmill Lane Shopping Centre** mit Restaurants und Souvenirs, z. B. Taschen aus Straußenleder, Batikarbeiten und Schmuck (Mo–Fr 8.30–17, Sa, So bis 13 Uhr, www.woodmill lane.co.za).

WILDERNESS NATIONAL PARK
6 ▌E8

Wilderness ist ein beliebter Bade- und Erholungsort mit feinem Sandstrand. Der gleichnamige, 2 500 ha große Nationalpark erstreckt sich von der Mündung des Trouw River bis nach Sedgefield. An den Flussmündungen und in den Seen hinter der Lagune mit einem Gemisch aus Salz- und Süßwasser hat sich eine artenreiche Flora und Fauna entwickelt. Auf einer Wanderung oder einer Kanutour lassen sich viele Wasservögel beobachten. In Holzbungalows oder auf Campingplatz kann man übernachten.

The Tops €–€€
Je vier Zimmer und vier Studios mit Aussicht (nur über Treppe erreichbar).
• Hunts Lane | Tel. 044/877 0187
  www.thetops.co.za

GEORGE 7 ▮ E8

Die Hauptstadt der Garden Route (140 000 Einw.) liegt schön am Rand der bis zu 1590 m hohen Outeniqua Mountains. Einst kettete man zum Verkauf stehende Sklaven an der Eiche von 1812 in der York Street an. Hübsche Holzarbeiten zieren die 1842 erbaute Niederländisch-Reformierte Kirche **St. Peter and St. Paul.**

Das **Outeniqua Transport Museum** (Mo–Fr 8–16.30, Sa 8–14 Uhr, www.outeniquachootjoe.co.za) dokumentiert die Geschichte der südafrikanischen Eisenbahn u. a. mit 13 Dampflokomotiven. Die kleine Bergbahn **Outeniqua Power Van** startet täglich zu einer abwechslungsreichen Fahrt vom Museum zum Montagu Pass (ca. 3–5 Std., min. 20 Pers., Tel. 044/801 8239 oder 082/490 5627).

MOSSEL BAY 8 ▮ E8

Das Städtchen gilt als westlichster Punkt der Garden Route. Schon ab 1501 nutzte man den alten **Postbaum,** um Briefe zu hinterlegen. Der heute täglich geleerte Briefkasten hat die Form eines alten Stiefels. Mit diesem Signum wird die Post auch abgestempelt.

Gegenüber liegt der **Bartholomeu Diaz Museum Complex.** Im Maritime Museum kann man das 23 m lange Schiff, mit dem Diaz zum Kap segelte, betrachten. Es wurde 1988, zum 500. Jahrestag, in Portugal nachgebaut und wiederholte die historische Reise. Zum Museumskomplex gehören das Natural History Museum und das Shell Museum mit einer großen Muschelsammlung (Mo–Fr 9–16.45, Sa, So bis 15.45 Uhr, www.diasmuseum.co.za). › mehr S. 13 Punkt 7

Leuchtturm in Mossel Bay

INFO
Mossel Bay Tourism
- Market/Church St. | Tel. 044/691 2202
  www.visitmosselbay.co.za

UNTERKUNFT
Avenues Guesthouse €-€€
Ruhiges, familiäres Gästehaus mit sechs Zimmern (ein Familienzimmer), Pool und sicherem Parkplatz.
- 23 21st Ave. | Tel. 044/691 1097
  www.avenues-guesthouse.com

RESTAURANT
Café Gannet €€
Sehr gute Seafood-Küche mit fanstastischem Blick übers Meer.
- 1 Market Street | Tel. 044/691 3738
  www.oldposttree.co.za

SWARTBERGE UND KLEINE KAROO

OUDTSHOORN 9 ▮ E8

Im Weltzentrum der Straußenzucht verdienten die erfolgreichen Züchter bis zum Ersten Weltkrieg ein Vermögen mit Straußenfedern, ihre viktorianisch inspirierten Villen, die »Federpaläste«, sind noch in der Stadt und auf einigen Farmen zu bewundern. Nach Jahrzehnten der Stagnation ist das Geschäft mit Straußen jetzt wieder in Gang gekommen. Das cholesterinarme rote Fleisch ist mittlerweile weltweit auf den Speisekarten der Feinschmeckerlokale zu finden. Das genarbte Straußenleder steht für Schuhe und Taschen hoch im Kurs. Im **C. P. Nel Museum** (3 Baron van Rheede St., www.cpnelmuseum.co.za) erfährt

man alles über die Geschichte der Straußenzucht (Mo–Fr 8–17 Uhr, Sa 9–13 Uhr). › mehr S. 18 Punkt **40**

Einige Straußenfarmen in der Umgebung bieten Führungen an, etwa die **Safari Ostrich Farm,** Tel. 044/272 7312, www.safariostrich. co.za, außerhalb an der R 328 Richtung Mossel Bay; 30 km weiter nördlich, am Weg zu den Cango Caves, kann man die **Cango Ostrich Farm,** Tel. 044/272 4623, www.can goostrich.co.za, besuchen.

INFO
Oudtshoorn Tourist Bureau
Mo–Fr 8–17 Uhr, Sa 8–12 Uhr.
- 80 Voortrekker St. | Tel. 044/279 2532
  www.oudtshoorn.com

HOTELS
De Opstal €€-€€€
Landhausatmosphäre auf dem Gelände einer alten Farm, mit Pool.
- Schoemanshoek Valley (12 km nördl. in Richtung Cango Caves)
  Tel. 044/279 2954 | www.deopstal.co.za

Adley House €€
Prächtiges Stadthaus aus der goldenen viktorianischen Zeit, 1905 während des Straußenfeder-Booms gebaut. 14 große Zimmer, zwei Pools im Garten, Dinner auf Wunsch.
- 209 Jan van Ribeeck Road
  Tel. 044/272 4533
  www.adleyhouse.co.za

Montana Guest Farm €-€€
Absolute Ruhe, herrlicher Garten, luxuriöse Zimmer, ausgezeichnete Küche, deutsche Leitung; eine der schönsten Farmen des Landes.

• Schoemanshoek Valley (14 km Richtung Cangoo Caves)
  Tel. 044/272 7774
  www.montanaguestfarm.co.za

RESTAURANT

Jemima's €€

Familiäres Lokal; Strauß, Karoolamm und Forelle. > mehr S. 14 Punkt ⑰

• 94 Baron van Reede St.
  Tel. 044/272 0808
  http://www.jemimas.com

CANGO CAVES ⑩ ⭐ 📱 E7

Die einzigartigen Tropfsteinhöhlen haben sich in Jahrmillionen zu einem Kunstwerk aus Kalkstein entwickelt. Von den drei bisher entdeckten Höhlensystemen ist nur eines für Touristen zugänglich. Die großen »Hallen« im vorderen Teil sind leicht zu erreichen, im hinteren Teil wird die Luft immer dünner und die Gänge werden immer schmaler. Führungen als Standard- (1 Std., 9–16 Uhr) oder Abenteuertour (1,5 Std., 9.30–15.30 Uhr, www.cango-caves.co.za).

SWARTBERG PASS ⑪ 📱 D7 UND PRINCE ALBERT ⑫ 📱 D7

In Serpentinen schlängelt sich die Straße durch die schroffen Swartberge. Nach 25 km erreicht die Piste den **Swartberg Pass** (1585 m), der 1888 eröffnet wurde. Diese Strecke zählt zu den spektakulärsten im Land. > mehr S. 12 Punkt ❸

In eine andere Welt versetzt fühlt man sich in der grünen Oase **Prince Albert.** In dem charmanten Städtchen mit historischen Häusern laufen noch Hühner und Gänse auf der

Fast dämonisch wirkt dieses verzierte Straußenei

Straße herum, Aussteiger genießen die herrlich ruhige Atmosphäre.

HOTEL

De Bergkant Lodge €€

Historisches Gebäude im kapholländischen Stil: acht große Zimmer mit Riesen-Bädern, Pool und Wellness-Service. Außerdem zwei Gartenhäuschen.

• 5 Church Street | Prince Albert
  Tel. 023/541 1088 | www.debergkant.co.za

RESTAURANT

Café Albert Gallery €

Treffpunkt für Touristen und Locals zum Abendessen in eleganter Atmosphäre.

• 57 Church Street | Tel. 023/119 7541

AUSFLUG ZUM KAROO NATIONAL PARK ⑬ 📱 E7

Rund 160 km nordöstlich von Prince Albert schützt der Karoo National Park eine teils wilde Berglandschaft samt der typischen Tier- und Pflanzenwelt. Die grasigen Ebenen und bizarren Tafelberge sind Heimat von Springböcken, Kudus, Wildkatzen, Bergzebras, Spitzmaulnashörnern und der Geometrischen Landschildkröte. Restcamp mit Chalets und Campingplatz (www.sanparks.org/parks/karoo).

GRAAFF-REINET 14 ⭐ 📖 F7

Cornelis Jacob van der Graaff, einer der letzten Gouverneure der Holländisch-Ostindischen Gesellschaft, gründete 1786 die Stadt. Ihre rund 250 restaurierten Häuser im kapholländischen oder viktorianischen Stil und die neugotische **Groote Keerk** prägen das Stadtbild. Das **Reinet House** zeigt Alltagsgegenstände aus dem 18. und 19. Jh.

Gleich hinter Graaf-Reinet beginnt der **Camdeboo National Park.** Auf dem vegetationsarmen, trockenen Hochplateau der Großen Karoo wurden u. a. die seltenen Bergzebras wieder heimisch. Im Westen öffnet sich das **Valley of Desolation** (Tal der Einsamkeit), eingerahmt von eindrucksvollen Felsformationen. Die bizarren Türme und Säulen sind ein Werk langjähriger Erosion.

HOTEL
Villa Reinet €€
Geräumige Zimmer in einem alten Haus, neue Cottages im Garten, nette Besitzer.
- 83 Somerset St. | Tel. 049/892 5525
www.villareinet.co.za

RESTAURANT
Polka €€
Einmal quer durch die südafrikanischen Rezepte, dazu auch Pizza und köstlichen Kuchen.
- 52 Somerset St. | Tel. 087/550 1363
http://polkacafe.co.za

MOUNTAIN ZEBRA NATIONAL PARK 15 📖 F7

Nahe des hübschen Städtchens Cradock biegt man zum Mountain Zebra-Nationalpark ab. Er beherbergt etwa 700 der seltenen Bergzebras. Dieses unterscheidet sich von seinen Artgenossen in der ostafrikanischen Savanne durch eine kleinere Statur, eine rotbraune Nase, einen weißen Bauch und das Fehlen von Schattenstreifen. Sehr lohnend ist eine Wanderung durch den Park, in dem auch Springböcke, Kudus und Paviane leben (www.sanparks.org/parks/mountain_zebra).

HOTEL UND RESTAURANT
Die Tuishuise €€
Ensemble aus 30 restaurierten Cottages an der Market Street mit Veranden, Holzdielen, Möbeln aus dem frühen 19. Jh., ausgezeichnetes Restaurant.
- 36 Market St. | Cradock
Tel. 048/881 1322
www.tuishuise.co.za

GRAHAMSTOWN 16 📖 G7

Mit einer stattlichen Anzahl schöner Gebäude aus viktorianischer Zeit und nicht weniger als 40 Kirchen wartet Grahamstown auf. Das

Tor der ehemaligen **Drostdy,** der Residenz des holländischen Landvogts, schmückt jetzt den Eingang zur Rhodes-Universität. Die Gegend war einst ein umstrittenes Siedlungsgebiet und Schauplatz etlicher Auseinandersetzungen zwischen den weißen Siedlern und den einheimischen Xhosa.

PORT ALFRED 17 📘 G8

Der Ferienort an der Sunshine Coast ist wegen der langen Sandstrände beliebt. Schwimmen, Tauchen, Angeln und Kanufahren stehen hier an der Tagesordnung.

HOTEL
My Pond Hotel €-€€
Luxuriöse Anlage am Ufer des Kowie River, gutes Restaurant, Ausbildungshotel.
• 33 Van Der Riet St. | Port Alfred
  Tel. 046/624 4626
  www.mypondhotel.com

EAST LONDON / BUFFALO CITY 18 📘 G7

Die Stadt (260 000 Einw.) besitzt an der Mündung des Buffalo River den einzigen Flusshafen des Landes. Im **East London Museum,** Oxford St., sind vor allem die Sammlungen zu Seefahrtsgeschichte und Meeresbiologie interessant (Mo–Do 9 bis 16.30, Fr 9–16, Sa 9–13 Uhr, www.elmuseum.za.org). Am Ende der Fleet Street beginnt die Küstenstraße Esplanade mit Hotels, Restaurants und Stränden. An der Buffalo St. erhebt sich das **German Settler's Memorial** zur Erinnerung an die Besiedlung durch deutsche Söldner in den 1850er-Jahren.

In der Nähe liegen viele schöne Sandstrände, z. B. **Nahoon Beach/Bacon Bay** 5 km nördlich oder **Shelly Beach** 5 km südlich. Flutlicht beleuchtet abends den **Eastern Beach.**

HOTEL
Hampton Court €€
Charmante Villa aus den 1920er-Jahren mit 15 Zimmern und Suiten, etwas oberhalb vom Strand, freundliche Gastgeber.
• 2 Marine Drive | Tel. 043/722 7924
  http://thehampton.co.za

RESTAURANT
Grazia Fine Food & Wine €€
Kühles Ambiente, Meerblick von drinnen und der großen Terrasse, leckere Fischküche und burische Standards.
• Upper Esplanade St., Quigney
  Tel. 043/722 2009
  www.graziafinefood.co.za

KEI MOUTH 19 📘 H7

Der kleine Ort an der Mündung des Kei River markiert das Ende der Wild Coast › S. 113. Über den Fluss pendelt bei ausreichendem Wasserstand eine Ponton-Fähre. Lange Strände locken viele Badeurlauber nach Kei Mouth.

HOTEL
Trennerys €€
Von den Chalets mit zwei Zimmern bieten einige Meerblick; kinderfreundlich, Pool.
• wenig nördlich in Qolora Mouth
  Tel. 047/498 0025
  www.trennerys.co.za

JOHANNES-
BURG
& DER OSTEN

Johannesburg gilt als
Graffiti-Hauptstadt Südafrikas

In den Drakensbergen explodiert förmlich die Natur, im Zululand wurde Geschichte geschrieben und bei Durban lockt der warme Indische Ozean. Hier liegen auch einige der schönsten Wildparks Südafrikas.

Der Osten hat eine unglaublich große Vielfalt an Kultur- und Naturerlebnissen zu bieten. So ballen sich in Johannesburg Museen, Theater, Galerien und Jazzlokale. Weiter östlich liegen die schönsten und spektakulärsten Wildparks Südafrikas: z.B. das Ithala Game Reserve oder der Hluhluwe-Umfolozi National Park, in dem man neben den »Big Five« mehr Nashörner als in irgendeinem anderen Park Südafrikas beobachten kann.

Ein absoluter Höhepunkt am Indischen Ozean ist der iSimangaliso Wetland Park, ein Feuchtgebiet mit einmaligem Artenreichtum. Die Hafenstadt Durban/eThekwini ist auch bei Einheimischen ein beliebtes Urlaubsziel. Einsamer geht es in Port St. John's und Coffee Bay an der Wild Coast zu, Angler und Hochseefischer sind hier richtig. Aufregende Gebirgslandschaften warten im uKhahlamba-Drakensbergpark auf Wanderer und Naturliebhaber.

TOUREN IN DER REGION

TOUR 7

LAND DER ZULU

ROUTE: Johannesburg › Ithala Game Reserve › Hluhluwe-Umfolozi National Park › iSimangaliso Wetland Park › St. Lucia › Battlefield Route › Pietermaritzburg › Weenen Nature Reserve › Johannesburg

KARTE: Seite 96/97
DAUER UND LÄNGE: 7 Tage (mit Johannesburg 9 Tage), ca. 1600 km

PRAKTISCHE HINWEISE:
• Für die Rundfahrt nehmen Sie einen Mietwagen.
• Achten Sie in den Wildschutzgebieten auf die Öffnungszeiten der Tore, oft werden die Entfernungen unterschätzt.
• Malaria-Prophylaxe ist meistens erforderlich.

TOUR-START:
Nach zwei Tagen im hektischen **Johannesburg 1** › S. 99 findet man Ruhe in der hügelig-schönen Landschaft des **Ithala Game Reserve 19** › S. 116. Es folgt ein weiteres High-

light, der **Hluhluwe-Umfolozi National Park** 18 › S. 116 mit seinen vielen Nashörnern. Einzigartig ist die dschungelähnliche Landschaft des **iSimangaliso Wetland Parks** 17 › S. 115. In **St. Lucia** starten Flussfahrten in das Seensystem mit Krokodilen, Flusspferden und Flamingos; ein Paradies für Angler sind die Strände von **Cape Vidal**. In allen Parks lohnt eine Übernachtung. Entlang der **Battlefield Route** bei Dundee 15 › S. 114 erinnern die Schlachtfelder an die Kämpfe zwischen Zulu, Briten und Buren. Britisches Flair versprüht **Pietermaritzburg/Msunduzi** 8 › S. 109. Zum Schluss übernachtet man im **Weenen Nature Reserve** 7 › S. 108.

TOUREN IM OSTEN

TOUR 7

LAND DER ZULU › S. 95

Johannesburg › Ithala Game Reserve › Hluhluwe-Umfolozi Nat. Park › St. Lucia › Battlefield Route › Pietermaritzburg › Weenen Nature Reserve › Johannesburg

TOUR 8

ZUM »BARRIER OF THE SPEARS« › S. 98

Johannesburg › Golden Gate Nat. Park › Royal Natal Nat. Park › Cathedral Peak › Giant's Castle Game Reserve › Johannesburg

TOUR 9

VON DURBAN ZUR WILD COAST › S. 98

Durban › Port Shepstone › Port St. John's › Coffee Bay › Umtata › Oribi Gorge Nature Reserve › Durban

ZUM »BARRIER OF THE SPEARS«

ROUTE: Johannesburg › Golden Gate N. P. › Royal Natal N. P. › Cathedral Peak › Giant's Castle Game Reserve › Johannesburg

KARTE: Seite 97
DAUER UND LÄNGE: 5 Tage, ca. 1300 km
PRAKTISCHE HINWEISE:
- Die Anfahrten per Mietwagen zu den Parks in den Drakensbergen dauern in der Regel länger, als der Blick auf die Karte vermuten lässt.
- Bei schlechtem Wetter vorab beim Automobilclub (0861/000 234, www.aa.co.za) Erkundigungen zum Zustand der Pisten einholen.
- Übernachtungen in den Bergen sollten Sie im Voraus buchen.

TOUR-START:

Die Drakensberge werden auch als Barrier of the Spears (Wall der erhobenen Speere) bezeichnet: Bis knapp 3500 m ragen die Gipfel in den Himmel, die extreme Verwitterung schuf tiefe Spalten und Schluchten in den steilen Hängen. Die bizarre Bergwelt steht heute unter Schutz, zahlreiche Wanderwege erschließen die herrliche Landschaft. Von der N 3, die **Johannesburg** **1** › S. 99 mit Durban verbindet, führen Stichstraßen zu den einzelnen Naturreservaten in den uKhahlamba-Drakensbergen. Planen Sie in jedem Park mindestens eine Übernachtung ein.

Den nördlichen Auftakt der Tour bildet der **Golden Gate National Park** › S. 106, der seinen Namen von den in der Sonne golden glänzenden Sandsteinfelsen erhielt. Der **Royal Natal National Park** **3** › S. 107 besticht mit einer 5 km langen, steil abfallenden Basaltwand, dem Amphitheater. Im **Giant's Castle Game Reserve** **5** › S. 107 führen Wanderwege zu Höhlen mit über 5000 Zeichnungen der San.

VON DURBAN ZUR WILD COAST

ROUTE: Durban › Port Shepstone › Port St. John's › Coffee Bay › Umtata › Oribi Gorge Nature Reserve › Durban

KARTE: Seite 97
DAUER UND LÄNGE: 5 Tage, ca. 850 km
PRAKTISCHE HINWEISE:
- Die gut ausgebaute N 2 ermöglicht schnelle Fahrt per Mietwagen von Durban nach Port Edward. Auf der alten Küstenstraße braucht man wesentlich länger.
- An der Wild Coast gilt: Kurven, Hügel und Vieh auf den Straßen verlängern die Fahrtzeiten erheblich.

TOUR-START:
Die an der Nataler Bucht gelegene Hafenstadt **Durban/eThekwini** 9 › S. 109 ist nicht nur bei Südafrika-Besuchern ein beliebter Zwischenstopp. Auch bei Einheimischen steht die Millionenstadt am Indischen Ozean dank des subtropischen Klimas für einen Badeurlaub das ganze Jahr über hoch im Kurs. Zu Weihnachten vergnügen sich indische und schwarzafrikanische Familien an der »Golden Mile«, Durbans 6 km lange Amüsier- und Hotel-Meile.

An der dicht besiedelten **South Coast** zwischen Durban und Port Edward reiht sich ein Urlaubsort an den anderen, hier mangelt es nicht an Übernachtungsmöglichkeiten. Ein starker Kontrast dazu ist das bislang kaum erschlossene Gebiet der ehemaligen Transkei weiter südlich mit der **Wild Coast**. Schlagartig ändert sich mit der Provinzgrenze das Landschaftsbild, auch kulturell gibt es neue Facetten Südafrikas zu entdecken. Rundhütten der hier lebenden Xhosa dominieren die Hügellandschaft bis zum Horizont. Lange Stichstraßen führen zur Felsenküste am oft stürmischen Ozean. **Port St. John's** 11 › S. 113 und **Coffee Bay** 12 › S. 114 eignen sich gut für einen Aufenthalt zum Wandern oder Angeln.

Einen Halt sollte man auch in **Umtata** 13 › S. 114 einplanen, um das Nelson Mandela Museum zu besichtigen. Von dort werden Führungen in den Heimatort des ehemaligen Präsidenten angeboten.

Eine angenehme Übernachtungsmöglichkeit in der Region ist das Oribi Gorge Hotel beim schönen **Oribi Gorge Nature Reserve** bei Port Shepstone 10 › S. 113.

WICHTIGE ADRESSE

Alle Unterkünfte in den staatlichen Parks sind über **Ezemvelo KZN Wildlife** zu buchen: Tel. 033/845 1000, bookings@kznwildlife.com, www.kznwildlife.com

UNTERWEGS IN JOHANNESBURG 1

Noch liegt die sommerliche Hitze des späten Dezembertags in den Straßenschluchten von Johannesburg, aber schon wirkt die City wie ausgestorben. Dabei ist gerade ein ganz normaler, hektischer Arbeitstag im Manhattan Südafrikas zu Ende gegangen. Johannesburg ist eine Stadt der Pendler.

Im benachbarten Soweto leben schätzungsweise 1,5 Mio. Schwarze – mehr als doppelt so viele Menschen wie im eigentlichen Johannesburg. Prognosen gehen von einem Bevölkerungsanstieg auf ca. 2 Mio. Einwohner bis 2025 aus. Der Großraum Johannesburg zählt heute etwa 8 Mio. Einwohner.

MELVILLE UND SANDTON
In Johannesburg schlägt nicht nur das wirtschaftliche Herz Südafrikas.

Das MuseumAfrica veranschaulicht südfarikanische Kulturgeschichte

Hier gibt es auch die größte Zahl von Galerien und Museen; von hier gingen Theaterstücke um die Welt. Nachts herrscht in den Kneipen, Jazzlokalen und Restaurants der Seventh Street im nördlichen Stadtteil **Melville** Hochbetrieb.

Im Großraum Johannesburg leben auch wirtschaftlich besser gestellte Schwarze; junge Leute und Intellektuelle aller Hautfarben übten sich hier schon in Zeiten strenger Apartheid in Zusammenarbeit und Freundschaft. In den letzten Jahren haben sich viele Firmen und Hotels an der innerstädtischen Peripherie angesiedelt. Das nördlich gelegene Geschäftszentrum **Sandton** mit seinen Villen, Büros, Kaufhäusern, Kneipen und Hotels liegt direkt neben der riesigen Township Alexandra.

CARLTON CENTRE UND JOUBERT PARK

Vom Besuch des Carlton Centre – seit 1973 das höchste Gebäude Afrikas – wird derzeit abgeraten. Das **Top of Africa** Ⓐ 📖 c3 in 223 m Höhe ist meist verschmutzt, das Einkaufszentrum im Basement nicht der sicherste Ort. Wer es dennoch wagt, blickt vom 50. Stock an klaren Tagen bis zu den Magaliesbergen (Mo–Fr 9–18, Sa bis 17, So bis 14 Uhr, Tel. 011/308 1331).

Im vernachlässigten Joubert Park liegt die 1910 gegründete **Johannesburg Art Gallery** Ⓑ 📖 c1. Im sorgsam renovierten Gebäude sind Gemälde und Plastiken südafrikanischer, britischer, niederländischer und französischer Künstler ausgestellt, darunter Werke von Cézanne, van Gogh, Monet, Picasso und Renoir. Im Skulpturengarten stehen u.a. Arbeiten von Rodin (Di–So 10–17 Uhr; Tel. 011/725 3130).

ZWISCHEN DIAGONAL STREET UND MUSEUMAFRICA

Die **Diagonal Street** C 📖 b2 durchbricht als einzige Straße die Schachbrettstruktur der Innenstadt. Schon von Weitem ist das **De-Beers-Verwaltungsgebäude** (Architekt: Helmut Jahn) erkennbar. Einen Kontrast dazu bildet der nahe **KwaZulu Muti Shop** samt Museum (Nr. 14a, Mo–Fr 7.30–17, Sa bis 13.30 Uhr) mit Kräutern und ande-ren Heilmitteln der Zulu. ▸ mehr S. 17 Punkt **32**

1976 gründeten der schwarze Autor Athol Fugard und der weiße Theaterexperte Barney Simon das **Market Theatre** D 📖 a2 in der Lili-an Ngoyi St. (vormals Brée St.). Das Haus in der alten Markthalle war bald mehr als nur der erfolgreiche Versuch, Weiße und Schwarze auf den drei Bühnen und im Zuschau-erraum zu versammeln. Proteststü-cke gegen die Apartheid gingen nach London und New York – so die Musicals »Sarafina!« und »Woza Al-bert!« von Mbongeni Ngema.

A Top of Africa
B Johannesburg Art Gallery
C Diagonal Street
D Market Theatre
E MuseumAfrica
F Origins Centre

Neben dem Market Theatre zieht im alten Obst- und Gemüsemarkt das **MuseumAfrica** 🅔 📕 a2 mit Ausstellungen zur Kulturgeschichte Südafrikas Besucher an (Di–So 9–17 Uhr, Tel. 011/833 5624, http://themuseumafrica.org).

ORIGINS CENTRE 🅕

Diese Topattraktion der Stadt präsentiert anschaulich die Geschichte der Menschheitsentwicklung in Südafrika und die Geschichte der San. Fred und Fang, zwei lebensgroße Dinosaurier, sind die Stars der paläontologischen Abteilung (Yale/Enoch Sontonga St., Witwatersrand University, Braamfontein, Mo–Sa 10–17 Uhr, www.wits.ac.za/origins).

Johannesburg ist keine Stadt für gemütliche Spaziergänge. Die Kriminalitätsrate ist wegen der schlechten Lebensverhältnisse besonders in den Townships sehr hoch. Nehmen Sie stets ein Han-dy mit eingespeicherter Notrufnummer (Tel. 101 11) mit.

INFO

Joburg Tourism
• Park City Transit Centre (1. Etage)
  Rissik/Wolmarans St. (Bahnhof)
  Tel. 011/214 0700 | www.gauteng.net
  www.joburgtourism.com

VERKEHRSMITTEL

Zur Fußball-WM 2010 ging das **Bustransportsystem Rea Vaya** in Betrieb. Busse verkehren u.a. zwischen Ellis Park und Soweto und in einem Rundkurs durch die Innenstadt (www.reavaya.org.za). Der **Gautrain** (www.gautrain.co.za) verbindet Sandton mit dem Airport › **S. 25** und fährt von Sandton nach Pretoria.

HOTELS

The Westcliff Hotel €€€
Luxuriös, aber gutes Preis-Leistungs-Verhältnis. Sicher, ruhige Lage am Zoo.
• 67 Jan Smuts Ave. | Westcliff
  Tel. 011/481 6000
  www.fourseasons.com/johannesburg

💬 AUF GOLD GEBAUT

Der Australier George Harrison entdeckte 1886 Gold und setzte damit den folgenschwersten Wirtschaftsboom des Kontinents in Gang. Schon Mitte der 1890er-Jahre lebten über 50 000 Europäer meist britischer Herkunft in Johannesburg, das buchstäblich auf Gold gebaut ist. Unter der City erstrecken sich Minengänge von über 12 km Länge, Abraumhalden prägen das Stadtbild. In der Industriezone am Witwatersrand beschäftigen die Goldminen rund 120 000 Arbeiter – etwa 50 000 unter Tage – in etwa 15 Goldminen. Das leicht erreichbare Gold ist ausgebeutet, heute wird in Tiefen von 2000–4000 m gearbeitet – damit sind die südafrikanischen Minen die tiefsten der Welt. Aufgrund veralteter Anlagen ging zuletzt die Förderung zurück; über 270 000 Minenarbeiter verloren ihren Job. Und je tiefer man graben muss, desto teurer und gefährlicher wird es, das Gold ans Tageslicht zu befördern.

Lesedi Cultural Village €€
In Miniaturdörfern der Zulu, Xhosa, Pedi, Ndebele und Basotho wohnen die Gäste mit im Haus ihrer Gastgeber. Die fünf schön dekorierten Zimmer befinden sich in traditionellen Hütten und Häusern. Reservierung erforderlich!
• Lanseria Road (25 km nordwestlich von Johannesburg an der R 512, Ausfahrt Randpark an der N 1)
  Tel. 087/740 9292
  http://aha.co.za/lesedi

Safari Club €€
Große Zimmer, 5 km vom Flughafen, sehr schöner Garten, Pool, Restaurant, kostenloser Airporttransfer.
• 68 Pomona Road, Kempton Park
  Tel. 073/600 2832
  www.safariclubsa.co.za

Das Landhaus €
Strohgedeckte, komfortable Rundbungalows am ländlichen Nordrand der Stadt. Pool, nette deutsche Besitzer.
• 97 Runnymead Rd.
  Chartwell/Sandton (N 1, Ausfahrt William Nicol, dann auf die R 552)
  Tel. 011/460 0105
  www.daslandhaussa.net

RESTAURANTS

Carnivore im Misty Hills Hotel €€€
Bekannt für ausgefallene Fleisch- und Grillgerichte und hervorragende Weine. > mehr S. 14 Punkt
• 69 Drift Blvd. | Muldersdrift Estate Muldersdrift | Tel. 011/950 6000
  www.rali.co.za

Wombles €€€
Wer Rindfleisch mag, wird das Wombles lieben; an kaum einem anderen Platz wird das Steak so perfekt zubereitet – das »Man Size Rump« wiegt 1 kg, Mindestverzehr 200 Rand!
• 88 Hobart Road, Bryanston
  Tel. 011/880 2470
  www.wombles.co.za
  Mo–Fr ganztags, Sa nur abends

👍
LEBHAFTE MÄRKTE

• Auf dem **African Craft Market** in Rosebank/Johannesburg findet man Kunsthandwerk aus ganz Afrika – Handeln ist Pflicht (Cradock Avenue, tgl. geöffnet).
• Der **Country Craft Market** in Sommerset West nahe Kapstadt bietet hochwertiges Kunsthandwerk jenseits des Üblichen (186 Main Road, www.countrycraft market.org, im Sommer 2–4 mal im Monat).
• Die **Neighbourgoods Markets** in Kapstadt (Old Biscuit Mill, 373 Albert Rd., Woodstock) und Johannesburg (73 Juta St., Braamfontein) jeden Samstag dienen als Treffpunkt und Umschlagplatz für frische Farmprodukte und Waren aus der Region (www.neighbour goodsmarket.co.za).
• Auch **Bauernmärkte** haben ihren Reiz: In Johannesburg bauen Farmer sonntags ihre Stände auf, (**Fourways Farmers Market**, Monte Casino Boulevard, www.ffmar ket.co.za), in Pretoria jeden Samstag (**Pretoria Boeremark**, Pioneer Park Museum, www. pretoriaboeremark.co.za).

Moyo €€
Gute afrikanische Küche, stilvolle Einrichtung, afrikanische Musik.
- Shop 5 | High St. | Melrose Arch
  Tel. 011/684 1477 | www.moyo.co.za

SHOPPING

- Wer nicht nach Durban kommt, sollte in die **Oriental Plaza** zum Stöbern und Kaufen gehen – über 360 Geschäfte und der Duft des Orients (33-60 Lilian Ngoyi St., Fordsburg, Mo–Fr 8.30–17, Sa bis 15 Uhr).
- In dem modernen Shoppingcenter Mandela Square in Sandton wird man sicher fündig, ebenso wie im **Nelson Mandela Square** (Maude/Fifths Street).

NIGHTLIFE

- In **Niki's Oasis** – eine der ältesten Adressen des neuen Newton (1995 eröffnet) – treten die Jazzgrößen der Stadt auf, gleichzeitig kann man hier gut speisen (138 Lilian Ngoyi Street, Newton, Tel. 011/838 9733, www.facebook.com/NikisJazz).

- Im **Orbit Jazzclub** gehören die Jam-Sessions jeden Dienstag zu den Highlight der Szene (81 De Korte Street, Tel. 011/339 6645, www.theorbit.co.za).

AUSFLÜGE

GOLD REEF CITY ▮ H3

Diese rekonstruierte Goldgräbersiedlung liegt 7 km südlich des Zentrums an der N 1, Ausfahrt Xavier Street. Heute vor allem ein Vergnügungspark, wird hier auch 75 m unter Tage die Minenarbeit erklärt und das Gießen eines Goldbarrens demonstriert. Auf einer unterhaltsamen Rundfahrt per Eisenbahn oder Kutsche passiert man u. a. das Feuerwehrgebäude und ein Theater. Rasante Achterbahnen, Musik- und Tanzgruppen sowie Restaurants sorgen für Abwechslung. Minenbesuch mehrmals tgl.; Mi–So 9.30–17 Uhr; Tel. 011/461 9744, www.goldreefcity.co.za.

💬 VUVUZELAS, BAFANA BAFANA UND SOCCER CITY

Die Bilder bleiben in Erinnerung, die ohrenbetäubenden Vuvuzelas haben auch in europäische Stadien Einzug gehalten – Südafrika erntete viel Lob als Gastgeber der 19. WM 2010. Sogar Nelson Mandela kam vor dem Finalspiel ins größte und komplett umgebaute Fußballstadion Afrikas, Soccer City in Johannesburg. Zwar hatte Südafrikas Nationalmannschaft die Vorrunde nicht überstanden, doch auch ohne Bafana Bafana feierten die Südafrikaner gemeinsam ihre große Fußballparty.

Südafrikas Image hat durch das ungetrübte Weltfußballfest gewonnen, ob dies auch für wirtschaftliche Aspekte gilt, bezweifeln viele. Seit die großen WM-Maßnahmen abgeschlossen sind, haben Hunderttausende Bauarbeiter ihren Job verloren, bereits während der vier Turnierwochen gab es große Streiks. Literaturnobelpreisträgerin Nadine Gordimer mahnte, darauf zu achten, dass die Freude über die gelungene Weltmeisterschaft nicht von dem ablenke, was wirklich wichtig sei: das Wohlergehen der Menschen im Land.

Von den bunt bemalten Orlando Towers in Soweto kann man Bungee-Jumping ausprobieren

APARTHEIDMUSEM 📷 H3

Die multimediale Aufbereitung der Geschichte des Landes zu Apartheidzeiten ist überaus beeindruckend. Lassen Sie sich viel Zeit für den Besuch des Museums gegenüber von Gold Reef City (tgl. 9–17 Uhr, Tel. 011/309 4700, www.apartheidmuseum.org)!

SOWETO 📷 G3

In den South Western Townships, rund 20 km südwestlich von Johannesburg, leben rund 1,5 Millionen Schwarze. Man kann die Megastadt mit ihren sozialen Kontrasten im Rahmen geführter Touren besichtigen, von individuellen Touren ist abzuraten. › mehr S. 12 Punkt ❶

Die Studentenproteste gegen die Rassentrennung thematisiert das **Hector Pieterson Museum** in Orlando West (8267 Khumalo St., Mo bis Sa 10–17, So 10–16 Uhr, Tel. 011/536 0611). Politisch verfolgte Gegner der Apartheid fanden Schutz in der katholischen **Regina Mundi Church.** 1976 eröffnete die Polizei das Feuer auf die Geflüchteten, die Einschusslöcher erinnern noch daran (1149 Khumalo St., Moroka, Tel. 011/986 2546). 2009 wurde das **Nelson Mandela House** in Orlando West wiedereröffnet. Dort lebten früher Winnie und Nelson Mande-la (8115 Orlando West., Tel. 011/936 7754, www.mandelahouse.com, tgl. 9–16.45 Uhr).

SOWETO-TOUREN

Interessante Führungen bieten **Soweto Tours,** Tel. 082/506 9641, www.sowetotour.co.za und **KDA Travel and Tours,** Tel. 083/535 4553, www.soweto.co.za.

UNTERWEGS IM OSTEN

GOLDEN GATE NATIONAL PARK 2 📖 H4

In der bizarren Landschaft aus farbigen Sandsteinfelsen nisten Kaffernadler und Bartgeier. Regen, Wind und Sonne formten aus den Sandsteinfelsen über Jahrhunderte hinweg bizarre Skulpturen, die in der Sonne golden leuchten – daher der Name des Parks. Wanderer und Reiter kommen hier auf ihre Kosten. Ihnen begegnen Zebras, Springböcke und andere Antilopenarten. Die Unterkünfte in Camps und die Wanderung auf dem **Rhebok Hiking Trail** (zwei Tage) bucht man bei South African National Parks (www.sanparks.org, › S. 31).

DRAKENSBERGE 📖 H5

Der eindrucksvolle Gebirgszug aus Basaltgestein, der größtenteils zum **uKhahlamba-Drakensberg Park** erklärt wurde, erstreckt sich über fast 1000 km von der Limpopo-Provinz bis in die Provinz Eastern Cape. Mit über 3000 m hohen Bergen, tiefen Schluchten und wilden Wasserfällen bieten die Drachenberge, wie sie die ersten Voortrekker nannten, Wanderern und Naturfreunden herrliche Landschaftsimpressionen. In dieser faszinierenden Bergwelt haben zudem die San, die die ersten Bewohner waren, über 4000 Felszeichnungen in Höhlen und an Felsüberhängen hinterlassen (www.drakensberg.org).

Das Leben der Basotho zeigt das Basotho Cultural Village im Golden Gate National Park

ROYAL NATAL NATIONAL PARK 3 📖 H5

Schon von Weitem ist das rund 1000 m senkrecht abfallende **Amphitheatre** zu erkennen. Die 8 km breite halbmondförmige Basaltwand flankieren die Berge Sentinel (3165 m) und Eastern Buttress (3047 m). In riesigen Kaskaden stürzt der Wasserfall **Tugela** über die Steilwand 850 m in eine Schlucht; im südafrikanischen Winter verkümmert der Wasserfall jedoch zum Rinnsal. Zur Tugela-Schlucht unterhalb des Wasserfalls führt eine reizvolle Tageswanderung (ca. 5 Std. hin und zurück, Badesachen mitnehmen).

Die Hütten und Chalets des **Thendele Camp** sind oft ausgebucht (Reservierung unter www.kznwildlife.com).

HOTEL

Orion Mont-aux-Sources €€
Schöne Anlage am Hang mit Traumblick auf die Bergwelt, Pool, Wanderungen und Ausritte.
• Tel. 086/148 8867
  www.montauxsources.co.za

CATHEDRAL PEAK 4 📖 H5

Von Bergville führt eine Stichstraße zum Naturschutzgebiet. Hier stehen viele Wandermöglichkeiten zur Auswahl, z. B. eine Tagestour in die **Ndedema Gorge.** Unter Dutzenden von Überhängen sind über 2000 größtenteils stark verwitterte Felszeichnungen der San zu entdecken. Eine hervorragende thematische Einführung bietet das **Didima Rock Art Centre** (tgl. 8–16 Uhr, www.

didima.info) unterhalb des **Didima Camp** mit Luxus-Chalets sowie Campingplatz, Restaurant und Barbetrieb (Buchung www.kznwildlife.com).

HOTEL

Tugela River Lodge €
Schön am Fluss gelegene, einfache Lodge mit reetgedeckten Chalets zur Selbstversorgung.
• 23 km nördlich von Winterton
  Tel. 079/043 7678
  www.tugelariverlodge.co.za

GIANT'S CASTLE GAME RESERVE 5 ⭐ 📖 H5

In diesem Park, 65 km südwestlich von Estcourt, kann man in aufregender Hochgebirgslandschaft herrliche Wanderungen unternehmen, so auf dem fünf Tage dauernden **Giant's Cup Trail** vom Sani Pass bis Bushman's Nek, auf dem man in Farmhäusern übernachtet. Neben Raubvögeln nistet hier auch der seltene Bartgeier. In der **Main Cave** sind Felszeichnungen der San zu sehen (Führungen).

Die Chalets und das Restaurant des **Giant's Castle Camp** liegen in traumhafter Umgebung (Reservierung www.kznwildlife.com).

INFO

Drakensberg Tourism
• Bergville | Tel. 036/448 1557
  www.drakensberg-mountains.co.za

AUSFLUG ZUM SANI PASS 6 📖 H5

Vom Giant's Castle Game Reserve geht es über Pisten zunächst nach

Imposante Berglandschaft im Giant's Castle Game Reserve

Himeville und **Underberg**, wo es einige Gästehäuser und Touranbieter gibt. Ab der am Fuße des Passes gelegenen Grenzstation (Ausweis nicht vergessen!) ist eine Weiterfahrt nur mit 4×4-Geländewagen erlaubt. Die letzten 14 Serpentinen des Sani Pass (2873 m) hinauf ins Königreich Lesotho › S. 142 sind extrem steil, sie winden sich haarnadelförmig die schmale Schlucht hinauf. › mehr S. 13 Punkt ❿

Es empfiehlt sich eine geführte Tour hinauf zum **Sani Top** und zu einem der höchstgelegenen Pubs Afrikas, der **Sani Mountain Lodge** (http://sanimnt.co.za), eindrucksvoll überragt vom Thabana Ntlenyana (3482 m). Hier kann man schöne Wanderungen unterneh-

men. Packen Sie unbedingt warme Sachen ein, es kann auch im Sommer einmal schneien!

HOTELS

Sani Pass Hotel €€
Auf dem Weg zum Sani Pass, guter Tourenausgangspunkt. Schöne Berghütten.
• Sani Pass Road
  11 km nördlich von Himeville
  Tel. 086/111 5555
  www.premierhotels.co.za

The Himeville Arms €
Historisches Haus mit gutem Restaurant und lebhaftem Pub. Hier treffen sich die Farmer der Region am Wochenende. Charmante Zimmer.
• 5 km von Underberg Richtung Himeville
  Tel. 086/111 5555
  www.premierhotels.co.za

WEENEN NATURE RESERVE 7 ▮ J5

Das 6500 ha große, landschaftlich sehr reizvolle Reservat 30 km östlich von Eastcourt beheimatet sowohl Breitmaul- als auch Spitzmaulnashörner und mehr als 30 weitere Säugetierarten, darunter zahlreiche Kudus und Zebras. Bei geführten Touren kann man die Tiere aus der Nähe beobachten. Für eine Übernachtung stehen ein Campingplatz sowie ein Bungalow zur Verfügung (www.kznwildlife.com).

HOTEL

The Owl and Elephant Lodge €
15 Rondavels und Chalets über dem Bushman River; Dinner nach Vorbestellung.

• Muden Road, Weenen
Tel. 082/492 3665
www.theowlandelephant.co.za

PIETERMARITZBURG/ MSUNDUZI 8 ▮ J5

Die Stadt (ca. 230 000 Einw.) wurde von den beiden Voortrekkern Pieter Retief und Gert Maritz nach der Schlacht am Blood River gegründet und später von den Briten zur Verwaltungshauptstadt ausgebaut. Zudem errichteten Inder Tempel und bringen mit ihren Saris und Gewürzmärkten Farbe ins Straßenbild.

Zwischen **Moses Manhida Road** und **Church Street** erstreckt sich eine Fußgängerzone. Das beeindruckende **Rathaus** wurde 1893 aus Backsteinen errichtet. › mehr S. 17 Punkt ❸⓿

Eine weitere Attraktion ist der Komplex aus **Vortekker** und **Msunduzi Museum** mit dem Hauptgebäude in der Longmarket Street (u. a. Ausstellung zur Stadtgeschichte und zur Entwicklung der Demokratie, Mo–Fr 9–16, Sa 9–13 Uhr, www.msunduzimuseum.org.za).

Das **Natal Museum** zeigt Sammlungen zur Naturgeschichte und Kulturhistorie (Jabu Ndlovu St., Mo–Fr 8.15-16.30, Sa 9–16, So 10 bis 15 Uhr, www.nmsa.org.za).

INFO

Pietermaritzburg Tourist Office
Mo–Fr 8–17 Uhr, Sa–13 Uhr
• Publicity House | 177 Chief Albert Luthuli St. | Tel. 033/345 1348
www.pmbtourism.co.za

HOTEL

Redlands Hotel and Lodge €€
Im viktorianischen Ziegelbau geht es noch recht britisch zu, eine Oase in der Stadt.
• 1 George Mac Farlane Lane
Tel. 033/394 3333
www.redlandshotel.co.za

DURBAN/ ETHEKWINI 9 ▮ J5

1835 erhielt der 12 Jahre zuvor gegründete Ort den Namen des britischen Gouverneurs d'Urban, aber erst 1935 den Status einer Stadt. Ab 1855 brachte man indische Arbeitskräfte für die Zuckerrohrplantagen hierher – bis 1875 über 30 000. Heute zählt Durban mehr als eine halbe Million Inder, bei einer Gesamtbevölkerung von 3,5 Mio. in der Metropolregion. › mehr S. 14 Punkt ⓫

IN DER CITY

Kern der Innenstadt Durbans ist der mit Denkmälern geschmückte **Francis Farewell Square** Ⓐ ▮ b3 – benannt nach einem der englischen Händler, die hier 1823 ihre ersten Camps aufbauten.

Vor der Kulisse moderner Hochhäuser wirkt die 1910 fertig gestellte **City Hall** Ⓑ ▮ b3 noch immer imposant – über der Kopie der Stadthalle von Belfast wölbt sich eine 52 m hohe Kuppel. Den Bau nutzt Südafrikas zweitgrößtes Kunstmuseum, die **Durban Art Gallery,** in der afrikanische und klassische englische Gemälde, aber auch Kunsthandwerk zu bewundern sind (Mo bis Sa 8.30–16, So 11–16 Uhr).

Vergnügungsmeile Marina Parade
(O. R. Tambo Parade)

Ebenfalls in der City Hall befindet sich das **Natural Science Museum** (Mo–Sa 9–16, So 11–16 Uhr). Zentrum der darstellenden Künste in KwaZulu-Natal ist das **Playhouse Theatre**  b3 mit fünf Bühnen. Die Architektur imponiert mit einer seltenen Mischung aus englischem Tudor und maurischem Stil (Tel. 031/369 9555, www.playhousecompany.com).

Neben der **Jumah Mosque** a2 gibt es in den Hallen des **Victoria Street Market** Fisch und Gemüse plus viel Ramsch und Kitsch zu kaufen (Mo–Sa 6–17, So 10–15 Uhr).
> mehr S. 15 Punkt **22**

BEACH FRONT/GOLDEN MILE

Die O. R. Tambo Parade am Indischen Ozean ist mit Hotelhochhäusern und Wasserparks die Flanier- und Amüsiermeile von Durban. Der 6 km lange Sandstrand wird »Golden Mile« genannt. Am Nordstrand liegen die schönen **Amphitheatre Gardens** c/d1 mit subtropischen Blumen, Teichen, einem Schlangenpark und Minitown, in der bekannte Gebäude der Stadt im Kleinformat zu bestaunen sind.

Im Süden lockt der **Wasserpark uShaka Marine World** d3 mit seinen riesigen Aquarien, Delfin- und Haibecken. Auch beim Schnorcheln oder Tauchen kann man die Tiere beobachten oder sich beim Surfen vergnügen (1 Bell St., Point, Tel. 031/328 8000, www.ushakamarineworld.co.za, tgl. 9–17 Uhr).

Nachts sollte man sich nicht zu Fuß an der Golden Mile aufhalten, auch tagsüber sollte man dort nie allein unterwegs sein.

INFO

Durban Tourist Junction
Mo–Fr 8–16.30 Uhr, Sa 9–14 Uhr
• 90 Florida Rd.
Tel. 031/322 4164
www.durban.gov.za
http://visitdurban.travel

HOTELS

Quarters €€€
Stilvolle Herberge: Vier prächtige viktorianische Häuser aus dem 19. Jh. wurden restauriert und mit einer Mischung aus modernem und altem eingerichtet – mit einem Hauch von Afrika.

• 101 Florida Road | Tel. 031/303 5246
www.quarters.co.za

Ridgeview Lodge €-€€
Stadtlodge etwas außerhalb mit parkähn-
lichem Garten und Pool.
• 17 Loudoun Road | Berea
Tel. 031/202 9777
www.ridgeview.co.za

The Palms €
Komfortables B&B in Durban North mit
einem schönen Garten in Strandnähe,
Schwimmbad.
· 46 Old Mill Way | Tel. 031/563 5915
www.thepalmsdurban.co.za

RESTAURANTS

Mali's €€
Südindische Küche und die besten Currys
der Stadt in entspannter Atmosphähre.
• 77 Smiso Nkwanyana Road
Durban-Morningside
Tel. 031/312 8535
www.malis.co.za
Mo geschl.

Resto 1999 €€
Postmodernes Lokal mit einfallsreicher
Küche; viel Fisch, große Menüs und nette
Kleinigkeiten.
• 117 Vause Road | Tel. 031/202 3406
www.cafe1999.co.za

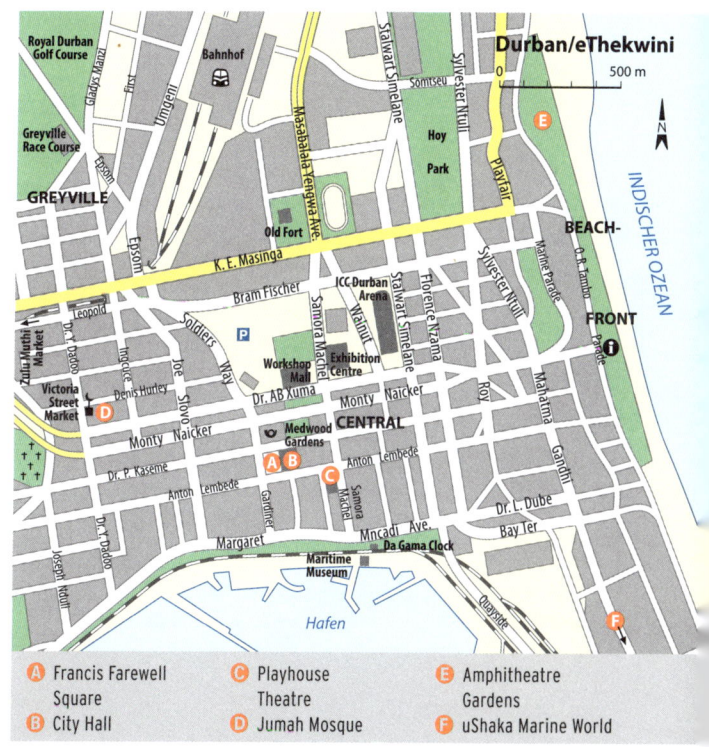

Ⓐ Francis Farewell Square
Ⓑ City Hall
Ⓒ Playhouse Theatre
Ⓓ Jumah Mosque
Ⓔ Amphitheatre Gardens
Ⓕ uShaka Marine World

Roma Revolving Restaurant €€
Drehrestaurant im 32. Stock, ital. Küche, Blick auf Stadt und Hafen.
- Victoria Embankment
  John Ross House | Tel. 031/337 6707
  www.roma.co.za
  So geschl., Mo–Do nur abends

SHOPPING
- Die Läden im attraktiven **BAT Centre** (11 Maritime Place, www.batcentre.co.za) bieten eine gute Auswahl an landestypischem Kunsthandwerk.

GRATIS ENTDECKEN

- Zur **Walbeobachtung** muss man nicht unbedingt eine (recht teuere) Bootstour unternehmen: Von Hermanus' Strandpromenade kann man die Säuger ebenso bewundern; einfach auf die Horn-signale des Walrufers achten!
  › S. 73
- Am International Museum Day (18. Mai) und dem Heritage Day (24. Sept.) sind die **Museen** landesweit frei zugänglich.
- Die **Musik** der Einheimischen genießt man am authentischsten in den Straßen Kapstadts: Musiker spielen auf den Gehsteigen – und nur wenn's gefällt, ist ein kleiner Obolus angebracht.
- Wer durch viele Nationalparks tourt, sollte sich die **Wild Card** besorgen. Mit ihr hat man freien Zugang zu über 80 der schönsten und wichtigsten Reservaten Südafrikas (www.sanparks.org).

- Das **African Art Centre** (94 Florida Road, www.afriart.org.za) bietet afrikanische Kunst, Stoffe und Schmuck.

AKTIVITÄTEN
Streetscene
Tolle Touren durch das Zentrum, durch Townships und die Umgebung Durbans, zu Fuß, mit dem Auto oder mit dem Fahrrad.
- 187 Argyl Road
  Tel. 031/321 5079
  http://streetscene.co.za

AUSFLUG AN DIE NORDKÜSTE

Der Küstenabschnitt der **Dolphin Coast** nördlich von Durban ist ruhiger als die Südküste. **Blythale Beach** gleich hinter **Stanger/Dukuza** z. B. hat schöne Strände, die nicht mit Fastfoodbuden zugepflastert sind. Das Grab und ein Denkmal erinnern hier an König Shakas letzten Wohnort. Ausstellungen über ihn sowie zur Zulukultur zeigt das **Dukuza Museum** (Mo–Fr 8.20–16, Sa, So 9–16 Uhr). Jedes Jahr treffen sich in Stanger Tausende Zulu an Shakas Todestag (22. September).

DURBANS SÜDKÜSTE

Bis Amanzimtoti wird die Küste als **Sunshine Coast** bezeichnet, danach beginnt die **Hibiscus Coast,** die im 120 km entfernten **Port Edward** endet. 4 km nördlich von **Scottburgh,** sehr beliebt bei Surfern und Schwimmern, ist die Krokodilfarm Crocworld mit über 2000 Nilkrokodilen die größte der Welt (tgl. 8–16.30 Uhr, Fütterung 11 und 15 Uhr, www.crocworld.co.za). **Margate/Uvongo** ist das touristische Zentrum der Hibiscus Coast.

HOTEL
Cutty Sark €€
Beliebtes familiäres Hotel am Strand, Panoramarestaurant, Abendshows.
• Old Main Road | Scottburgh
Tel. 039/976 1230
www.cuttysark.co.za

Von **Port Shepstone/Umtentweni** 10 ▮ J6 lohnt ein Fahrt zum **Oribi Gorge Nature Reserve** mit einer bis zu 400 m tiefen Schlucht. Wanderwege erschließen die reizvolle Gegend. Im Reservat leben diverse Antilopen- und Affenarten sowie Leoparden (Infos: www.kznwildlife.com).

HOTEL
Oribi Gorge Hotel €€-€€€
Beliebt für Wochenendausflüge, großes Angebot an Aktivitäten (Wildwasserfahrten, Abseilen, Wanderungen etc.), Restaurant.

• beim Nature Reserve,
11 km von Port Shepstone entfernt
Tel. 039/687 0253
www.oribigorgehotel.co.za

DIE WILD COAST

PORT ST. JOHN'S 11 ▮ H6
In dem ehemaligen kleinen Hafenstädchen Port St. John's verkehrt heute nur noch eine Fähre über den Umzimvubu River. Hinter der Ortsmitte gelangt man zum ersten von insgesamt drei Stränden, Angler und Windsurfer finden hier gute Bedingungen. Der **Second Beach** ist bewacht, an dem dritten und einsamsten liegt das **Silaka Nature Reserve,** das v. a. Küstenwald schützt (zu buchen über das Eastern Cape Tourism Board, www.visiteasterncape.co.za, Tel. 043/705 4400).

Die ungezähmte wilde Küste ist ein Paradies für Wanderer. Von Port Edward bis Coffee Bay verläuft der mehr als 200 km lange **Wild Coast Hiking Trail,** einer der berühmtesten Fernwanderwege Südafrikas.

> 💬 **DIE HAI-POLIZEI IN AKTION**
>
> Seit Steven Spielbergs Klassiker »Der Weiße Hai« gilt das 8 m lange Tier mit den rasiermesserscharfen Zähnen als Killer, der auch in Strandnähe nach Beute sucht. Doch ist das Tier weit weniger gefährlich als sein Image. Er gehört zu einer von rund 100 Haiarten, die vor der Küste Natals identifiziert wurden. In den 1950er-Jahren kam es bei Schwimmern zu etlichen Attacken, oft mit tödlichem Ausgang. 1964 wurden eine Hai-Polizei gegründet und Hainetze auf mittlerweile 45 km Länge vor der Küste bei Durban gespannt. Diese Strände sind heute vollkommen sicher. Das interessante **Natal Sharks Board** liegt 15 km nördlich von Durban an der M 12 in Umhlanga (Herrwood Drive, Tel. 031/566 0400, Mo–Fr 8–16 Uhr; Multimediashow mit Haisektion Di–Do 9 und 14 Uhr, jeden 1. So im Monat 14 Uhr, www.shark.co.za).

Mbotyi River Lodge €€
Recht große Lodge, die völlig einsam und wunderschön an der Wild Coast liegt. Viele Hütten mit Veranda und Meerblick.
- 26 km außerhalb von Port St. John's
  Tel. 082/674 1064 | www.mbotyi.co.za

Cremorne Estate €-€€
Gemütliche Holzhütten mit Frühstück, Cottages für Selbstversorger, Restaurant.
- Ferry Point Road,
  5 km außerhalb von Port St. John's
  Tel. 047/564 1110 | www.cremorne.co.za

COFFEE BAY 12 🏝 H7
Geprägt wird der scheinbar wild zusammengewürfelte Ort von einer lebhaften Backpacker-Gemeinde, die an alte Hippie-Zeiten erinnert. Bei den Einheimischen ist das **Ocean View Hotel** inmitten üppiger Vegetation direkt hinter dem Strand nach wie vor eines der beliebtesten an der Wild Coast. Auf einer insgesamt 6 Std. langen Wanderung geht es oberhalb des Ortes zur Felsformation **Hole in the Wall**, dem markantesten Punkt an der Wild Coast.

Ocean View Hotel €€
Viele Zimmer mit Meerblick, gutes Restaurant, organisierte Touren.
- Tel. 047/575 2005
  www.oceanview.co.za

UMTATA 13 🏝 H6

Das Zentrum der Region hat genau einen Besuchsgrund: das **Nelson Mandela Museum** (Nelson Mandela Drive, Mo–Fr 9–16, Sa 9–15, So 9–13 Uhr, www.nelsonmandelmuseum.org.za). Es ist dem Leben Mandelas gewidmet, basierend auf seiner Biografie »Long walk to Freedom«. Von hier werden auch geführte Touren zu seinem Geburtsort Mvezo 67 km südl. von Umtata organisiert. Kurz nach dem Abzweig von der N 2 nach Mvezo liegt in dem Xhosa-Dorf Qunu das **Nelson Mandela Youth & Heritage Centre,** hier wuchs Nelson Mandela auf (mit Unterkunftsmöglichkeit, Kontakt über das Museum).

BATTLEFIELD ROUTE

ESHOWE 14 🏝 J5 UND UMGEBUNG
In der ältesten Stadt des Zululandes mit schönen Häusern aus britischer Zeit ist das Fort Nongqayi mit einem **Museum zur Geschichte der Zulu** sehenswert (Tel. 035/474 2281, Mo–Fr 7.30–16, Sa ab 9, So ab 10 Uhr, http://eshowemuseumsorg.za). Hier liegen einige der einstigen Schlachtfelder, Festungen, Gräber und Gedenktafeln, mit denen die Battlefield Route gesäumt ist.

Im 14 km entfernten Zuludorf **Shakaland** wurde der Film »Shaka Zulu« (1985) über den mächtigen König Shaka gedreht. Jetzt bieten hier 55 traditionelle Hütten komfortable Nachtruhe, täglich ab 11 Uhr gibt es Veranstaltungen (Hotel Shakaland, Tel. 087/740 9292, http://aha.co.za/shakaland, €€).

The George Hotel €-€€
Traditionshotel wie aus der Zeit gefallen.

• T36-38 Main Street | Eshowe
Tel. 035/474 4919 | www.thegeorge.co.za

DUNDEE 15 J4 UND UMGEBUNG

Der Ort war 1899 ein wichtiger Stützpunkt für die Briten im Krieg mit den Buren. Das **Talana Museum** (Mo–Fr 8–16.30 Uhr; Sa–So 9 bis 12 Uhr, www.talana.co.za) am Stadtrand von Dundee vermittelt Hintergrundinformationen zu den Kriegen zwischen Briten und Zulu, Zulu und Buren sowie Briten und Buren.

Auf der R 33 geht es zum **Blood River Monument** rund 50 km östlich von Dundee. In der weiten Landschaft stehen 64 bronzene Ochsenwagen in Form einer Wagenburg, die an den 16. Dezember 1838 erinnern. Damals wurden 464 Voortrekker unter Andries Pretorius von 10 000 Zulu angegriffen; ein Drittel der Angreifer starb im Kugelhagel der Buren, die einen historisch bedeutenden Sieg davontrugen (tgl. 8–16 Uhr). Gegenüber verdeutlicht das **Ncome Museum** die Perspektive der Zulu und erweitert die Sichtweise auf das Geschehen (Mo–Fr 8–16.30 Uhr, www.ncomemuseum. org.za).

ULUNDI 16 J4 UND UMGEBUNG

Bis 1994 war Ulundi (22 000 Einw.) die Hauptstadt des Homeland Kwa-Zulu, heute ist es gemeinsam mi Pietermaritzburg Provinzhauptstadt. Das Parlamentsgebäude und der moderne Flughafen wirken in der weiten Landschaft recht skurril.

Im Zuludorf Shakaland

Sehr beeindruckend ist das **Kwazulu Cultural Museum** in oNdini (8 km östlich) mit dem nachgebauten Kraal des Zulukönigs Cetshwayo (Mo–Fr 8–16, Sa/So 9–16 Uhr, www.zulu-museum.co. za).

ISIMANGALISO WETLAND PARK 17 9 K4

Der viel besuchte Park (vormals Greater St. Lucia Wetland Park) gehört zum UNESCO-Weltnaturerbe (www.isimangaliso.com).Besonders schön und urwüchsig ist der südliche Teil – ein Feuchtgebiet mit Mangrovensümpfen und ursprünglichem Küstenurwald. Um ein System von Seen hinter der sandigen

Küstennehrung am Indischen Ozean existieren fünf verschiedene Ökosysteme – entsprechend groß ist die Vielfalt der Flora und Fauna. Etwa 40 000 Flamingos und 3000 weiße Pelikane brüten und leben im See, ebenso wie Krokodile und Nilpferde. › mehr S. 16 Punkt **㉗**

Das **Cape Vidal** ist ein Paradies für Angler, hier kann man sich in netten Holzbungalows einquartieren (www.kznwildlife.com). Das angrenzende Meeresreservat bietet den Lederschildkröten Schutz. Die Korallenriffe vor der **Sodwana Bay** mit Sandstrand sind ein Dorado für Sporttaucher und Angler.

St. Lucia an der Mündung des St.-Lucia-Sees ins Meer ist ein schnell gewachsener, unattraktiver Ort mit Ferienhäusern, kleinen Hotels und Imbissläden. In der Nähe beherbergt das **St. Lucia Crocodile Centre** diverse Krokodilarten und erklärt das Verhalten der Echsen (tgl. geöffnet, Mi 18.30 und Sa 15 Uhr Fütterung). Ein Wanderweg (ca. 1,5 km) führt durch den Dünenwald an der Küste; im angrenzenden Tierpark gibt es Zebras, Impalas, Nilpferde etc. zu sehen.

Mehrmals täglich legen Boote zu einer 2-stündigen Fahrt auf dem See von der Siyabonga Jetty ab, dabei kann man Krokodile, Nilpferde und Wasservögel aus nächster Nähe beobachten (Tel. 035/590 1555, www.stluciasouthafrica.com).

HOTEL

Lodge Afrique €€
Acht luxuriöse, strohgedeckte Bungalows in einem tropischen Garten mit Pool.

• 71 Hornbill St./St. Lucia Estuary
Tel. 035/590 1696
www.lodgeafrique.com

HLUHLUWE-UMFOLOZI N. P. 18 ⭐ ▮ J/K4

Ein Netz von Autopisten erschließt das Reservat (gesprochen Schluschlue Umfolosi). Der erste Löwe wanderte 1958 aus Mosambik ein – heute sind es meherere Dutzend; Elefanten wurden ebenfalls angesiedelt. In der hügeligen, von Flüssen durchzogenen Landschaft leben 1800 Breitmaulnashörner (von 6500 im ganzen Land) und dazu 300 seltene Spitzmaulnashörner (ca. 900 Tiere gibt es in Südafrika, rund 2500 in ganz Afrika). Trotz aller Bemühungen sind die Tiere wegen ihrer Hörner von Wilderei bedroht.

Die schönste Unterkunft ist das **Hilltop Camp** mit komfortablen Chalets oder einfachen Rondavels für Selbstversorger und einem tollem Blick aufs Reservat (Infos: www.kznwildlife.com).

ITHALA GAME RESERVE 19 ▮ J4

Trotz wunderbarer hügeliger Landschaft mit tief eingeschnittenen Flusstälern und schönen Unterkünften wird das Reservat noch wenig besucht. Es beherbergt viele Nashörner und andere Tiere, u. a. Elefanten und Warzenschweine, die man in aller Ruhe beobachten kann (Infos: www.kznwildlife.com).

DER NORDEN

Am Rand der ursprünglichen
Waterberge lockt der Marakele
National Park

Vom Steilabfall der Drakensberge schweift der Blick ins Tiefland. Dort ist der wildreiche Kruger-Nationalpark ein beliebtes Safariziel. Im Norden werden alte Kulturen wieder lebendig, die Waterberge bieten Natur pur.

In nur wenigen Stunden erreicht man von Pretoria zwei der beliebtesten Attraktionen des Landes: die Panoramaroute mit dem beeindruckenden Blyde River Canyon und den Kruger-Nationalpark. Private Wildschutzgebiete am Westrand des Parks verbinden ganz nach Wunsch und Geldbeutel Komfort mit maßgeschneiderten Safaris.

Rund um die Ausgrabungsstätten des einstigen Königreichs Mapungubwe liegt eines der jüngsten Naturreservate des Landes. Mythen und Traditionen prägen das Leben der hier lebenden VhaVenda. Im Land der Regenkönigin bei Tzaneen verlocken grüne Berge, kühle Seen und klare Bäche zu einer Rast.

Malariafreie Wildparks mit den »Big Five« bietet die noch wenig entdeckte Region der Waterberge. Die ursprüngliche Natur kann man gut im Mabulani Game Reserve oder im Marakele National Park genießen. Im wildreichen Pilanesberg National Park und in der angrenzenden Kasino-Stadt Sun City tummeln sich die Wochenendurlauber aus Johannesburg und Pretoria.

TOUREN IN DER REGION

VOM CANYON IN DEN BUSCH

ROUTE: Pretoria › Sabie › Blyde River Canyon › Kruger-N. P. › Tzaneen › Warmbaths/Bela Bela › Pretoria

KARTE: Seite 121
DAUER UND LÄNGE: 6 Tage, ca. 1370 km

PRAKTISCHE HINWEISE:
- Übernachtungen vorbuchen, Fernglas und Tierbestimmungsbuch mitnehmen, frühzeitig im Park ankommen für Teilnahme an einer Nachtfahrt (ab ca. 16/17 Uhr).
- An Malariaprophylaxe und Mückenschutzmittel denken.

TOUR-START:
Wer morgens zeitig in **Pretoria** **1** › S. 122 loskommt, kann noch die Wasserfälle rund um den Ort **Sabie** **4** › S. 125 anschauen und dann

im Goldgräberstädtchen **Pilgrim's Rest** 5 › S. 126 oder nahe des **Blyde River Canyon** 7 › S. 126 übernachten. Den schönsten Blick in die Weiten des Lowvelds an der **Panorama-route** in den Drakensbergen bietet **God's Window**. Für den riesigen **Kruger-Nationalpark** 9 › S. 128 sollte man sich mindestens zwei Tage Zeit lassen, um in Ruhe die Tiere beobachten zu können.

Rund um **Tzaneen** 12 › S. 132 erstrecken sich Tee- und Fruchtplantagen, im nahen **Modjadji Nature Reserve** beeindrucken bis zu 12 m hohe Farnpalmen – ein idealer Punkt für eine Übernachtung. Auch die warmen Quellen von **Warm-baths/Bela Bela** 14 › S. 133 verlocken noch zu einem Aufenthalt.

Im Kruger-Nationalpark

VOM KRUGER-NATIONALPARK ZUM LIMPOPO

ROUTE: Pretoria › Kruger-Nationalpark › Mapungubwe National Park › Pretoria

KARTE: Seite 121
DAUER UND LÄNGE: 7 Tage, ca. 1900 km
PRAKTISCHE HINWEISE:
- Kruger-Nationalpark › Tour 10.
- Im Venda-Land wegen schlechter Pisten eventuell eine geführte Tour buchen.

TOUR-START:
Von Pretoria geht es auf der N 4 direkt zum **Kruger-Nationalpark** 9 › S. 128. Buchen Sie drei Nächte jeweils in einem anderen Camp, z. B. Lower Sabie im Süden und Olifants oder Letaba in der Mitte, so lernen Sie die unterschiedlichen Landschaften in dem 350 km langen Park kennen. Im Norden bietet sich das historische Camp Punda Maria als letzte Station an, bevor Sie den Park beim Pafuri Gate verlassen.

Im Zentrum von Venda-Land, in **Thohoyandou** 10 › S. 129, geht es lebhaft zu. Die touristische Infrastruktur steckt hier noch in den Kinderschuhen. Die Ausgrabungsstätten des alten Königreichs **Mapungubwe** 11 › S. 132 liegen im gleichnamigen Nationalpark (Übernachtungsmöglichkeiten) im Dreiländereck von Südafrika, Zimbabwe und Botswana. Repliken der interessanten Funde sind heute im Cultural History Museum in Pretoria zu sehen.

Bei **Tzaneen** › S. 132 erreicht man das Land der Regenkönigin, eine idyllische Landschaft mit Obstplantagen, Wäldern, Seen und Flüssen, wie geschaffen für einen längeren Aufenthalt. Interessant ist auch Besuch des Bakone-Malapa-Freilichtmuseums in **Pietersburg/ Polokwane** 13 › S. 133.

TOUR 12

IN DIE WATERBERGE

ROUTE: Pretoria › Warmbaths/Bela Bela › Mabulani Game Reserve › Marakele National Park › Pilanesberg National Park › Sun City › Pretoria

KARTE: Seite 120
DAUER UND LÄNGE: 6 Tage, ca. 850 km
REISEPRAKTISCHE HINWEISE:

- Das Mabulani Game Reserve ist ein privater Park für Selbstversoger, auch im Marakele National Park gibt es keine Verpflegung. Während der Regenzeit von November bis März können die Straßen wegen Überflutung gesperrt sein.
- Am einfachsten zu bereisen ist der Pilanesberg National Park, hier Unterkünfte unbedingt rechtzeitig reservieren.

TOUREN IM NORDEN

TOUR 10

VOM CANYON IN DEN BUSCH › S. 118

Pretoria › Sabie › Blyde River Canyon › Kruger-Nationalpark › Tzaneen › Warmbaths/Bela Bela › Pretoria

TOUR-START:

Die noch ursprünglichen Waterberge erreicht man am besten über **Warmbaths/Bela Bela** `14` › S. 133. Im malariafreien **Mabulani Game Reserve** können Besucher zu Fuß, mit dem Mountainbike oder bei einem Game drive mit Führer Tiere live erleben. Zwei Übernachtungen sollte man sich hier gönnen. Quer durch die **Waterberge** `15` › S. 133 erreicht man den schön an einem Fluss gelegenen **Marakele National Park.** Auch hier lassen sich die Tiere in aller Ruhe beobachten.

Weniger einsam, aber lohnend ist der **Pilanesberg National Park** `16` › S. 135 mit Camps aller Art. Mit etwas Glück sehen Sie hier die Big Five. Kontrastreiches Abendprogramm bietet die Kasino-Stadt **Sun City** nebenan.

VERKEHRSMITTEL

Für die Touren in dieser weitläufigen Region bietet sich ein Mietwagen oder Wohnmobil an. So lassen sich am besten alle Sehenswürdigkeiten erreichen. Von Johannesburg kann man auch gleich zum Kruger Mpumalanga International Airport (KMI Airport, www.kmiairport.co.za) fliegen, knapp 50 km vom Kruger-Park und 22 km von Nelspruit/Mbombela, dann geht es weiter mit Mietwagen.

UNTERWEGS IM NORDEN

PRETORIA/ TSHWANE `1` 📖 H3

Die Hauptstadt Südafrikas liegt auf 1365 m Höhe, also etwa 400 m tiefer als die Nachbargroßstadt Johannesburg – deshalb ist das Klima hier im Winter milder. Im Oktober und November sind die Alleen der Innenstadt von einem malvenfarbenen Blütenmeer der rund 60 000 Jakarandabäume umrahmt.

Die behäbig-konservative Stadt (ca. 2 Mio. Einw.) ist im Winter Sitz der Regierung, im Sommer gibt sie diese Position an Kapstadt ab. Pretoria wurde 1855 vom Burengeneral Martinus Wessel Pretorius gegründet und ist heute ein Industriestandort sowie ein Bildungs- und Forschungszentrum. 2005 beschloss der Stadtrat den Namen Tshwane für die zukünftige Distriktverwaltung.

Ausgangspunkt für eine Rundtour durch die Stadt sind die **Union Buildings,** die Regierungsgebäude am Meintjieskop-Hügel im Nordosten der Stadt. Sie gehören zu den architektonisch herausragenden öffentlichen Bauwerken des Landes. Auf dem Rasen vor dem 1913 fertig gestellten imposanten Sandsteinkomplex fand am 10. Mai 1994 die Vereidigung Nelson Mandelas zum Präsidenten Südafrikas statt. Von hier bietet sich ein schöner Blick auf Pretoria.

Die **National Zoological Gardens,** eine der größten Zooanlagen des Kontinents, beherbergt auf

80 ha Parkgelände fast 130 Säugetier- und rund 160 Vogelarten sowie Fische und Reptilien (Paul Kruger St., tgl. 8.30–17.30 Uhr, www.nzg.ac.za). Das **National Museum of Cultural History** vermittelt Einblicke in die prähistorische Felskunst und das Leben der schwarzen Völker (tgl. 8–16 Uhr, www.ditsong.org.za).

In der Mitte des **Church Square** steht eine überlebensgroße **Bronzefigur von Paul Kruger,** Premierminister des damaligen Transvaal ab 1883. Schöne Gebäude aus dem ausgehenden 19. Jh. umrahmen die Rasenflächen: der **Raadsaal** (ehemaliger Regierungssitz), der **Justizpalast,** das **Postamt** und die **Nationalbank.** Das **Wohnhaus von Paul Kruger** in der WF Nkomo St., in dem der Premierminister 1884 bis 1901 lebte, beherbergt seine Möbel sowie Dokumente aus dem Bu-

renkrieg (Mo–Fr 8.30–17.30, Sa/So 9–17 Uhr).

Die **City Hall** in der Bosman Street kennzeichnet ein Uhrturm mit 32 Glocken. Vor dem Rathaus stehen die Statuen der Voortrekker Andries Pretorius und seines Sohnes Martinus Wessel, des Stadtgründers. Gegenüber beeindrucken im **National Museum of Natural History** die Ausstellung aller im Land vorkommenden Vogelarten, ebenso die archäologischen und geologischen Sammlungen (tgl. 8–16 Uhr).

Das **Melrose House** an der Scheiding Street zählt zu den schönsten Häusern Pretorias. Der wohlhabende Bürger George Heys ließ es 1866 im viktorianischen Stil erbauen, alle Materialien stammen aus England. Die Räume sind noch mit den Möbeln jener Zeit ausgestattet (Di–So 10–17 Uhr).

Union Buildings am Meintjieskop-Hügel

INFOS

Tshwane Tourism
- Old Nederlandsche Bank Bldg.
  Church Square | Tel. 012/358 1430
  http://gopretoria.co.za
  Mo–Fr 8–16.30 Uhr

HOTELS

Court Classique €€
58 großzügige Suiten im Vorort Arcadia,
Restaurant.
- 743 Schoeman St. | Tel. 012/344 4420
  www.courtclassique.co.za

Meintjieskop Guest House €
Familiär geführtes Gästehaus mit acht
komfortablen Zimmern; Pool, gute Lage.
- 145 Eastwood St. | Eastwood
  Tel. 012/342 0738
  www.meiguest.co.za

RESTAURANTS

Pachas €€€
Exzellentes Steakhouse mit viel Wild auf
der Karte und einem vorzüglich geschulten
Personal.
- 22 Dely Road | Hazelwood,
  Tel. 012/460 5063 | www.pachas.co.za
  So nur mittags

Café Riche €
Eine Jugendstiloase inmitten der pulsie-
renden Stadt. Gebäck, kleine Gerichte.
- Church Square | Tel. 012/328 3173
  Tgl. 6–18 Uhr

AKTIVITÄTEN

Kwathlano
Das Unternehmen veranstaltet Touren
durch Pretorias Zentrum, durch Townships
und in die weitere Umgebung.
- 227 Hill Street | Tel. 0861/428 8364
  www.kwathlano.co.za

AUSFLÜGE VON PRETORIA

VOORTREKKER MONUMENT

6 km südlich von Pretoria erhebt
sich auf einem Hügel der düstere,
40 m hohe Quader aus Klinkerstei-
nen mit einem Relief, das 64 aus
Granit gehauene Ochsenwagen
zeigt. › mehr S. 17 Punkt **29** Der Bau
(1938–1949) erinnert an den Großen Trek der Buren und ihre
Schlacht gegen die Zulu am Blood
River 1838. 27 Marmorreliefs ver-
herrlichen die Eroberung des Landes durch die Weißen (tgl. Mai bis
Aug. 8–17 Uhr, sonst bis 18 Uhr).

CULLINAN **2** H3

Im hübschen viktorianischen Ört-
chen 35 km östlich von Pretoria
kann man die größte Diamanten-
mine Südafrikas, die **Premier Diamond Mine,** besuchen. Die Förder-
grube ist 600 m tief, 500 m breit
und 1000 m lang. Es gibt Führungen über und unter Tage (die Be-
sichtigung der Stollen sollten Sie

💬 DER CULLINAN

In der Premier Diamond Mine
wurde 1905 der mit 3106 Karat
größte Diamant der Welt gefunden, der »Cullinan«. Man spalte-
te ihn in 106 Teile. Davon
schmücken der »Große Stern
von Afrika« (530 Karat) das
Zepter und der »Kleine Stern
von Afrika« die Krone der britischen Königin.

mind. zwei Wochen im Voraus buchen, Tel. 012/734 0260, www.culli-
nan-tours.co.za).

NELSPRUIT/MBOMBELA
3 📱 J3 **UND UMGEBUNG**

In der Hauptstadt der Provinz Mpumalanga (60 000 Einw.) sind der
Lowveld Botanical Garden am
Crocodile River (tgl. 8–17/18 Uhr,
www.sanbi.org) und die 12 m hohen **Montrose Falls** Attraktionen.
41 km südlich von Nelspruit liegt
Barberton, ein Goldgräberstädtchen von 1884 mit einer der ältesten
Börsen Südafrikas und interessanten Museen (www.barberton.co.za).
   Über die R37 nach Norden erreicht man die ca. 240 Mio. Jahre
alten **Sudwala Caves** mit schönen
Tropfsteininformationen (tgl. 8.30 bis
16 Uhr, www.sudwalacaves.co.za).
Unterhalb der Höhlen wurde ein
Dinosaurierpark mit lebensgroßen
Modellen der Urtiere errichtet.

PANORAMAROUTE ⭐

Inmitten von Wäldern liegt **Sabie**
4 📱 J2 mit der größten Papierfa-
brik Südafrikas und einem Holzmu-
seum (Mo–Fr 8–16.30, Sa 8–12 Uhr,
www.safcol.co.za). Von hier führt
eine Stichstraße nach Westen zu
den knapp 10 km entfernten, 70 m
hohen, schmalen **Lone Creek Falls**.
   Die R37 biegt nach Westen in
Richtung **Lydenburg/Mashishing**
ab. ▶ mehr S. 17 Punkt **31** Der Name
»Ort des Leidens« geht auf das einst
mühsame Leben der weißen Siedler
zurück. Die 45 km lange, aussichts-
reiche Strecke folgt einer Voortrek-
ker-Route über den **Long Tom Pass**
– so benannt nach der 8 m langen
Kanone, die gegen die Briten
(»Tommies«) im zweiten Burenkrieg eingesetzt wurde. Die Passage
namens Devil's Knuckles war für die
Ochsenwagen besonders schwierig.
Nördlich von Sabie passiert man die
Mac Mac Falls. Das klare Wasser
lädt zu einem Bad ein.

Die Lone Creek Falls bei Sabie

RESTAURANT

The Woodsman €€

Restaurant und Pub mit griechischen Spezialitäten und südafrikanischen Fisch- und Fleischgerichten (auch Unterkunftsmöglichkeit).

- 94 Main Road | Sabie
  Tel. 013/764 2015
  http://thewoodsman.co.za

PILGRIM'S REST 5 ⭐ 📖 J2

Die historische Goldgräbersiedlung mit ihrer Wildwestatmosphäre und den roten Dächern steht unter Denkmalschutz. Eines der drei ehemaligen Camps außerhalb des Ortes wurde originalgetreu nachgebaut. Neben Geschäften und Kneipen gab es in Pilgrim's Rest auch eine Zeitungsredaktion, schon 1873 wurden die »Gold News« gedruckt. Acht Jahre später gab der Fluss kein Edelmetall mehr her und die Förderung wurde unter Tage fortgesetzt. Wer sich einmal wie ein Goldgräber fühlen möchte, sollte sich im **Diggings Museum** zum Goldwaschen einfinden.

HOTEL

Royal Hotel €–€€

Das charmante Haus (50 Zimmer)hieß schon 1884 »Royal« und wurde stilgemäß renoviert. Mit Restaurant.

- Tel. 013/768 1100
  http://www.pilgrimsrest.org.za

RESTAURANT

The Vine €€

Ebenso nostalgisch wie das Royal. Serviert wird in Emaillepfannen und Eisentöpfen. Spezialität: »Potjiekos«.

- Tel. 013/768 1100

BOURKE'S LUCK POTHOLES 6 📖 J2

Hinter Graskop beginnt der schönste Teil der Panoramaroute. Auf einer 15 km langen Nebenstraße östlich der Hauptroute bieten sich spektakuläre Aussichtspunkte, beispielsweise **God's Window** mit einem weitem Blick auf das 1000 m tiefer liegende Lowveld.

An der Hauptstraße passiert man zwei Wasserfälle: die Doppelkaskaden der 92 m hohen **Lisbon Falls** und die **Berlin Falls**.

Die **Bourke's Luck Potholes** sind ein Wunderwerk der Flusserosion: In Jahrmillionen haben in der Strömung rotierende Steine und Sand zylinderförmige Löcher aus dem rötlichen Fels geschliffen (tgl. 8–17 Uhr). Ein Mann namens Bourke fand hier Gold auf seinem Grundstück.

BLYDE RIVER CANYON 7 10 📖 J2

Die 26 km lange, rund 800 m tiefe Schlucht ist ein Höhepunkt der Panoramaroute, die unter Naturschutz steht. Der faszinierendste Abschnitt sind die **Three Rondavels.** Diese gewaltigen, runden Felsen mit spitzer Abdachung wirken tatsächlich wie überdimensionale Rundhütten. Aussichtspunkte wie **World's End** (im Forever Resort) und Wanderwege erschließen diesen beeindruckenden Teil der Drakensberge.

UNTERKUNFT

Forever Resort Blyde Canyon €

Großes Gelände mit preiswerten Chalets, Campingplatz, Jugendherberge, Restau-

Grandiose Aussicht von World's End in den Blyde River Canyon

rant, Supermarkt und Pool, an der schönsten Stelle des Canyons.
- Tel. 012/423 5600
  www.foreverblydecanyon.co.za

HOEDSPRUIT 8 🏔 J2
UND UMGEBUNG

Die Panoramaroute führt weiter nordwärts über den **Abel-Erasmus-Pass** (1242 m), durch den **J.-G.-Strijdom-Tunnel** und eine Schlucht kurvenreich hinunter zum **Lowveld.** Wie eine riesige Mauer ragt die Kette der Drakensberge aus der Ebene. Die Temperaturunterschiede sind v. a. im Sommer beträchtlich. Bald nach dem Tunnel zweigt eine Straße nach **Hoedspruit** ab.

Unweit von hier liegen zwei je 70 000 ha große private Wildschutzgebiete: **Klaserie** und **Timbavati** (www.klaseriereserve.co.za, http://timbavati.krugerpark.co.za). 3 km nördlich von Klaserie sollte man das **Hoedspruit Endangered Species Centre** (Tel. 015/793 1633, www.hesc.co.za, Voranmeldung) mit Dutzenden Geparden nicht versäumen. In der Wildnis bekommt man das schnelle Säugetier kaum zu Gesicht. Auch einige private Camps westlich des Kruger-Nationalparks (z. B. Sabi Sands Game Reserve, www.sabisands.co.za) bieten Unterkünfte und Pirschfahrten an.

UNTERKUNFT
Motswari Private Game Reserve €€€
15 luxuriöse Bungalows, tolle Lage.
- Timbavati Game Reserve,
  60 km östlich von Hoedspruit
  Tel. 021/427 5900 | www.motswari.co.za

Blyde Mountain Country House €€
15 luxuriöse Zimmer und Chalets in einem Gartenparadies, exzellentes Restaurant.
- 15 km westlich von Hoedspruit
  Tel. 072/480 1334
  www.blydemountainhouse.com

Nkorho Bush Lodge €€
Gepflegte Unterkunft im exklusiven Sabi Sand Private Game Reserve.
- Sabi Sands | Gowrie Gate
  Tel. 013/735 5367 | www.nkorho.com

KRUGER-NATIONAL-PARK 9 ⭐11 📖 J1/2

Dank der Erweiterungen nach Mosambik und Simbabwe wuchs der weltberühmte Park mit dem neuen Namen **Great Limpopo Transfrontier Park** auf eine Fläche von 36 000 km² an. Er ist Heimat von über 150 Säugetier- und über 500 Vogelarten. In dieser »Arche Noah« leben auf südafrikanischer Seite zum Beispiel 2000 Löwen, ca. 2200 Nashörner und geschätzte 17 000 Elefanten – mehr sollten es aus ökologischen Gründen auch nicht sein, denn immerhin vertilgt ein ausgewachsener Elefant ganze 200 kg Grünzeug am Tag.

Mit ca. 1 Mio. Besuchern pro Jahr ist auch hier die Belastungsgrenze erreicht. Während der Schulferien › S. 153 ist der »Volkspark« überfüllt – Camper und Kleinbusse rollen über 1740 km Naturwege und abseits der 880 km langen Teerstraßen. Die Rastlager sind für diese Zeit schon Monate vorher ausgebucht; bei Übernachtung außerhalb sollte der Parkeintritt zeitig reserviert werden (South African National Parks, › S. 31).

Für Tagesbesucher stehen neben teuren privaten Camps im Kruger-Nationalpark auch preiswerte staatliche Rastlager und Restcamps (Bungalows) mit Betten und Servicebereichen zur Verfügung, außerdem Zelte und Campingplätze. Zu den meisten Restcamps gehört ein Restaurant und häufig ein Supermarkt, z. T. auch eine Tankstelle. Selbstversorger können dazu in kleineren Bushveldcamps übernachten. › mehr S. 13 Punkt ❻

💬 **PAUL KRUGER UND DER NATURSCHUTZ**

1883 wurde Paulus Kruger – kurz Paul oder Ohm (Onkel) Kruger genannt – Präsident von Transvaal. Krugers Vorschlag zur Abschaffung des Jagdrechts löste allgemeines Entsetzen aus. Aber er gab nicht nach und ließ 1891 Elefanten und Nilpferde, zwei Jahre später Nashörner und Giraffen unter Jagdschutz stellen. »Für alle Zeiten« solle ein Gebiet vor dem Eingriff der Menschen bewahrt werden, befand Kruger 1898 und erklärte die Wildnis zwischen den Flüssen Sabie und Crocodile zum Schutzgebiet. 1926 wurde schließlich die Einrichtung des Kruger-Nationalparks im Parlament verabschiedet und ein Teil für Besucher freigegeben. Zehn Jahre später existierten bereits 1400 km Wege und mehrere Rastlager. Heute gilt der Kruger-Nationalpark als Modell für schonenden Umgang mit der Natur, als das »grüne Klassenzimmer der Nation«. Die Wege des Wilds sind jedoch durch Straßen und Parkgrenzen zerschnitten, Menschen und Tiere durch Zäune voneinander getrennt.

Friedliches Nebeneinander im Kruger-Nationalpark

SATARA, OLIFANTS UND LETABA

Im mittleren Teil des Nationalparks, bei **Orpen,** kann man die größten Elefantenherden, die meisten Raubkatzen sowie viele Büffel und Zebras beobachten. Akazien, Natal-Mahagoni- und Gurkenbäumen umgeben das Rastlager **Satara.**

Nach Norden hin wird der Bewuchs etwas lichter. Das Camp **Olifants** besticht durch seine herrliche Lage auf einem Hügel. Ab hier lohnt die Weiterfahrt auf guter Piste entlang der Galeriewälder des Letaba-Flusses, wo viele Nilpferde leben und Elefanten zum Trinken hinkommen. Von der Terrasse des schönen Rastlagers **Letaba** lassen sich die Tiere gut beobachten.

MASORINI, PUNDA MARIA UND THULAMELA

Masorini ist eine der bedeutendsten von über 300 im Park gelegenen Ausgrabungsstätten aus der Eisenzeit. Hütten und Vorratskammern sind an einem markanten, pyramidenförmigen Hügel nachgebaut worden. Mit **Punda Maria** erreicht man eines der einsamsten Camps im Park. Auf dem Weg zum 76 km weiter Richtung Norden liegenden **Pafuri Gate** zeigt die **Thulamela-Ausgrabungsstätte** eine Siedlung aus dem frühen 13. Jh., wo bereits Gold geschmolzen wurde.

LAND DER VHAVENDA

Rund um **Thohoyandou** 🔟 📖 J1 liegt VhaVenda, einst das kleinste »unabhängige« Homeland. Die Venda leben hier noch in typischen Rundhütten und bewahren ihre Mythen und Riten.

Der **Big Tree** mit 34 m Umfang und einem Alter von 1200 Jahren bei Zwigodini (9 km von Mavunde) gilt als einer der ältesten und größten Baobabs der Welt. Der **Lake Fundudzi** im Sacred Forest, der einzige natürliche Inlandsee Südafrikas, bildet das Herz der Venda-Kultur (Besuch nur mit Erlaubnis).

ABENTEUER IM BUSCH

In 21 Nationalparks und mehr als 400 Wildparks sowie mehreren hundert privaten Naturschutzgebieten mit teilweise ausgefallenen Angeboten können Besucher die einzigartige Tierwelt Südafrikas beobachten und atemberaubende Landschaften kennen lernen. Die Unterkünfte rangieren von rustikalen, Stroh gedeckten Hütten und Campingplätzen bis hin zu luxuriösen Anlagen mit allem erdenklichen Komfort. Dank Webcams wird man schon zu Hause auf die Wildnis eingestimmt (www.africam.co.za).

EXKLUSIV UND PREISWERT

Viele Luxus-Lodges in den privaten Game Reserves westlich des Kruger-Nationalparks sind sehr teuer, doch es gibt Alternativen: Eine Übernachtung im Grasslands Guesthouse im privaten **Krokodilpoort Nature Reserve** kostet etwa 25 €/Person bei Selbstversorgung Wer mit Verpflegung buchen will, wählt die Eco Eden Bush Lodge (ca. 50 €/Person, ecoedenbushlodge.co.za). Von der Unterkunft geht es dann entweder in den Kruger Park auf Safari oder in das **Mthethomusha Game Reserve**, wo man den »Big Five« begegnet, vor allem Nashörnern und Büffeln. Die Safaris in Mthethomusha können etwas rau sein, aber so stellt sich ein Hauch von Abenteuer ein.

LEBEN MIT ELEFANTEN

Im **Pongola Game Reserve** südlich von Swaziland sind neben riesigen Impala- und Antilopenherden, Büffeln und Zebras vor allem Elefanten die Attraktion. Pongola war leer ge-

Auch in der Wildnis verwöhnen komfortable Unterkünfte ihre Gäste

jagt, die Dickhäuter wurden erst vor einigen Jahren aus dem Kruger-Park importiert. Die deutschstämmige Familie Kohrs plant noch mehr: Ihre »Space for Elephants« (Platz für Elefanten)-Stiftung möchte alte Migrationspfade der Tiere zu den Reservaten Itala und Mkuzi wieder öffnen und bis 2020 ein Biosphären-Reservat für 1000 Elefanten schaffen (www.space4elephants.org). Ihre **White Elephant Lodge** mit Groß-Zelten und dem einstigen Farmhaus aus den 1920er-Jahren ist eine der schönsten des Landes. Preiswerter sind die rustikale Buschlodge oder das komfortable Hausboot. Es werden auch Jumbo-Safaris zu Fuß organisiert.

- **White Elephant Lodge** €€€
  Pongola Game Reserve
  Tel. 034/413 2489
  www.whiteelephantlodge.co.za

BADEN MIT DELFINEN

Im nördlichsten Teil des iSimangaliso Wetland Park › S. 115 liegt die bemerkenswerte **Kosi Bay Forest Lodge** mit luxuriösen, strohgedeckten Hütten. Schnorcheln an der Flussmündung, Kanutouren und Wanderungen durch den einzigartigen Raffia-Wald sorgen hier für Abwechslung. Sicher einzigartig ist die Begegnung mit den verspielten Delfinen in den Küstengewässern – sei es vom Boot aus oder beim Schwimmen. Ein beeindruckendes Schauspiel lässt sich Mitte November bis Mitte Februar beobachten: Nachts kommen zur Brutsaison Meeresschildkröten an den Strand, um ihre Eier abzulegen.

Entspannte Tage in der Kosi Bay Forest Lodge

- **Kosi Bay Forest Lodge** €€€
  Kosi Bay Nature Reserve
  Tel. 035/474 1473
  www.kosiforestlodge.co.za

FELSZEICHNUNGEN UND NATURPOOLS

Rund 270 km nördlich von Kapstadt liegt **Bushmans Kloof** in den Cederbergen › S. 76. Aus dem einstigen Farmgelände der frühen Siedler hat sich hier ein exklusives Naturschutzgebiet entwickelt, bekannt als eine der größten Freiluft-Galerien der Welt: Besucher können mehr als 125 historische Stätten mit Felszeichnungen der San besichtigen.

Das luxuriöse Manor House bietet stilvolle, komfortable Zimmer und Suiten. Neben Bergwanderungen und Mountainbiketouren sind Abseilen und Fischen möglich oder man entspannt bei einem Freiluftbad in den natürlichen Felsenpools.

- **Bushmans Kloof** €€€
  Tel. 021/437 9278
  www.bushmanskloof.co.za

MAPUNGUBWE NATIONAL PARK 11 ▯ H1

Funde in den Ausgrabungsstätten rund um den **Mapungubwe Hill** im Dreiländereck Südafrika, Botswana und Zimbabwe belegen die Existenz eines bedeutenden Königreiches, das Handel bis nach Ägypten, Indien und China unterhielt. Repliken wie z.B. ein goldenes Nashorn mit Zepter und Kugel werden jetzt im **Cultural History Museum** in Pretoria › S. 122 gezeigt. Buchungen für **Camp/Lodge** und Führungen zu den interessanten Fundstätten: Tel. 015/534 7923, www.sanparks.org.

Besonders eindrucksvoll ist der 500 m lange »Treetop Walk« 5 m über dem Boden zur Vogelbeobachtung am Limpopo.

UNTERKUNFT

Mopane Bush Lodge €€€
Zwölf luxuriöse Zwei-Bett-Chalets in einem nachgebauten Kraal, mit Pool. Die Wildfarm lässt sich gut mit dem Mountainbike erkunden.
• Im Mapesu Game Reserve,
  40 km westl. von Musina
  Tel. 015/534 7906
  www.mopanebushlodge.co.za

Klein Bolayi €
Die wunderschöne Lodge liegt neben dem markanten Bolayi-Felsen, einer früheren Opferstelle. Zehn Steinhäuser mit Reetdach bieten angenehme Kühle inmitten des schwülen Limpopo-Tals.
• 20 km westl. von Musina
  Tel. 015/534 0975
  www.gamelodgebolayi.com

TZANEEN 12 ▯ J2 UND UMGEBUNG

Tzaneen (ca. 15 000 Einw.) ist das Zentrum eines bedeutenden Farmgebiets für Früchte, Gemüse, Tee, Tabak und Nüsse. Wenige Kilometer nördlich laden am **Tzaneen-Stausee** Picknickplätze zur Rast ein.

35 km nordöstlich wurde 1985 das **Modjadji Nature Reserve** eingerichtet, die weltweit größte zusammenhängende Fläche mit Modjadji-Palmen. Diese bis zu 12 m hohen Farnpalmen gehören zu den ältesten Pflanzenarten der Welt. Wanderwege durchziehen das Reservat, in dem Kudus und Impalas leben.

Nebenan liegt der Palast der 2005 verstorbenen **Regenkönigin Makobo Constance Modjadji VI.,** die nach dem Tod ihrer Mutter zwei Jahre zuvor zur bis dahin jüngsten Regentin gekrönt worden war. Die rechtmäßige Nachfolgerin ist die damals drei Monate alte Tochter. Den Königinnen des Lobedu-Volkes wird Einfluss auf das Wettergeschehen Südafrikas nachgesagt. Tatsächlich herrschte eine Dürreperiode in der Zeit ohne Regentin. Zur Krönung fing es leicht an zu nieseln.

HOTELS

Coach House €€
Etwas iälteres, dennoch schönes Country-Hotel mit Spa, Veranda und Kamin in jedem Zimmer, auch vegetarische Küche.
• Agatha, bei Tzaneen | Tel. 086/147 7758
  www.coachhousehotel.co.za

Tzaneen Country Lodge €

Große Lodge mit Spa und Tierfarm, auf der Kinder sich wohlfühlen, während die Eltern die verschiedenen Teesorten verkosten.

- 16 km westlich von Tzaneen
  Tel. 015/304 3079 | www.tznlodge.co.za

Monya's €€

Leckere Snacks und sehr gute Hauptgerichte, viel Vegetarisches, fantastische Salate und ausgefeilte Desserts.

- 61H Boundary St. | Tzaneen
  Tel. 015/306 0741 | Mo–Sa 8–21 Uhr

PIETERSBURG/ POLOKWANE 13 ◗ H2

125 Polokwane ist die Hauptstadt der Provinz Limpopo (ca. 130 000 Einw.). Das Peter Mokaba Stadium diente 2010 als WM-Spielstätte. Attraktionen sind das **Polokwane Game Reserve** mit Breitmaulnashörnern, Säbelantilopen, Giraffen u. a. (Info unter Tel. 015/290 2331). Die Löwen auf dem Gelände des **Protea Hotel The Ranch** (25 km südl., Tel. 015/ 290 5000, www.the ranch.co.za) wirkten schon in diversen Filmen mit.

9 km südlich erfährt man im **Bakone-Malapa-Freilichtmuseum** einiges über Lebensweise und Kunsthandwerk der hier lebenden Nord-Sotho (Mo 8–16 Uhr, Tel. 015/295 2432).

INFO

Limpopo Tourism & Parks

- Southern Gateway Ext. 4, N1 Main Road
  Tel. 015/290 2010 | www.golimpopo.com

HOTEL

Ruby Stone €€

Modernes und günstiges Stadthotel, nur 18 Zimmer, angeschlossenes Steakhouse.

- 15 Bekker St. | Tel. 015/296 3503
  www.rubystone.co.za

WARMBATHS/ BELA BELA 14 ◗ H2

Etwas abseits der N 1 sprudeln in Warmbaths stündlich über 20 000 Liter Wasser mit einer Temperatur von 53–62 °C aus einer Quelle. Das Wasser ist radioaktiv und soll rheumatische Krankheiten heilen – am besten probiert man es gleich selbst aus. Zudem liegt der bei Südafrikanern sehr beliebte Thermalort in einer fruchbaren Region mit durchschnittlich 286 Sonnentagen im Jahr, ideale Vorraussetzung für einen längeren Aufenthalt.

HOTEL

Forever Resorts Aventura Warmbaths €€

Unterkunft in ordentlichen Hotelzimmern, Chalets oder größeren Blockhäusern, dazu Pool, Heilbäder, Wellness- und Sportangebote. Auch Kinder sind willkommen.

- 1 Chris Hani Drive | Bela Bela
  Tel. 014/736 8500
  www.foreverwarmbaths.co.za

WATERBERG-REGION

Aufgrund seiner abgeschiedenen Lage konnte sich das bis auf 2000 m ansteigende **Waterberg-Massiv** 15 ◗ G2 seine Ursprünglichkeit bewahren. Die Berge mit vulkanischem

Nicht nur Schildkröten streifen durch das Madikwe Game Reserve

Ursprung sind reich an Chrom, Platin, Nickel, Eisen und Zinn, sodass sich eine lukrative Bergbauindustrie entwickelt hat.

In **Melkrivier** führt eine 4 km lange Piste zum Rhino und Waterberg Museum (www.livingmuseum. co. za) mit einer interessanten Ausstellung über die Bestände des schwarzen Nashorns und den ökologischen Verhältnissen im **Waterberg Biosphere Reserve**.

Im **Marakele National Park** streifen Elefanten, Nashörner und Leoparden durch die Berge. Im Tented Camp hat man einen herrlichen Blick auf die vorbeiziehenden Tiere. Beeindruckend sind die riesigen Zykadeen und die seltenen Yellowwood- und Zedernbäume (www. sanparks.org/parks/marakele).

Wildtiere und Vögel lassen sich im privaten **Mabulani Game Reserve** (50 km westl. von Warmbaths/Bela Bela) bei einer Fußsafari, einer Montainbiketour oder einem Ausritt beobachten. Mehrere Unterkünfte für Selbstversorger (www. mabulani.co.za).

Leeuwenhof Country Lodge €€
Hochelegante Lodge mit nur sechs Zimmern, fünf Suiten, zwei Luxuszelten und einem herrlichen Spa-Bereich.
• Modimolle/Nylstroom
   Tel. 014/718 9811 | www.leeuwenhof.com

Limpopo Bushveld Retreat €€
B&B mit Cottages und Zelten sowie kleinem Wellnesscenter und Pool.
• zwischen Melkrivier und Vaalwater
   Mobil-Tel. 083/460 2982
   www.waterbergbushveld.co.za

Shangri-La Country Hotel €
Haus mit 50 Zimmern in einem schönen Garten.
• Eersbewoon Road | Modimolle/Nylstroom
   Tel. 014/718 1600 | www.shangrila.co.za

SUN CITY/PILANESBERG NATIONAL PARK 16 ▮ G2

In der Urlaubs-Retortenstadt **Sun City,** 160 km westlich von Johannesburg mit Luxushotels, Kasinos, Golfplätzen und Veranstaltungen kommt keine Langeweile auf (www. suninternational.com/sun-city).

Kombinieren lässt sich der Besuch mit einem Aufenthalt im nahen **Pilanesberg-Nationalpark,** auch ein beliebtes Wochenendziel für Einheimische. Auf 50 000 ha im Krater eines erloschenen Vulkans leben u. a. die »Big Five«. Nilpferde räkeln sich in den Wasserlöchern, Giraffen bevölkern die weiten Ebenen, Antilopen und Zebras ziehen vorbei und über 300 Vogelarten schwirren durch die Luft. Für Vogelfreunde gibt es mehrere Beobachtungspunkte. Zur Übernachtung stehen Unterkünfte aller Art zur Verfügung (http://pilanesberggamereserve.co.za).

HOTELS

The Palace €€€
Luxushotel im Disneyland-Stil, prunkvolle Architektur, riesiger Pool mit bis zu 2 m hogen Wellen, Golfplatz.
• Lost City | Sun City | Tel. 015/557 4307
  www.suninternational.com

Manyane Resort €-€€
Zimmer, Chalets, Safarizelte und Camping, die günstigste Unterkunftsmöglichkeit im Park.
• Pilanesberg National Park
  Tel. 014/555 1196
  www.goldenleopardresort.com

MADIKWE GAME RESERVE 17 ▮ G2

Das 76 000 ha umfassende, wildreiche Madikwe Game Reserve an der Grenze zu Botswana entstand zu Beginn der 1990er-Jahre aus zum großen Teil ungenutztem Farmland. Mit der Operation »Phönix« kamen Jahre später die ersten Wildtiere in den Park, darunter Breit- und Spitzmaulnashörner, Wildhunde, Antilopen, Büffel, Elefanten und Geparden sowie die »Big Five«. Heute leben hier etwa 15 000 Säugetiere. Nicht weniger als 350 Vogelarten wurden gesichtet. Das private Reservat ist malariafrei und zudem nicht so überlaufen wie manches andere Reservat. Die Anreise erfolgt von Rustenberg auf der N 4 nach Zeerust, dann auf der R 49 nach Norden zur Parkgrenze nach 85 km.

UNTERKUNFT

Madikwe Safari Lodge €€€
16 Zimmer, verteilt auf drei Camps, Tierbeobachtung von der Veranda möglich, ECO-House für Veranstaltungen für Kinder.
• Tel. 011/880 9992
  www.madikwesafarilodge.co.za

Madikwe River Lodge €€€
Die luxuriösen Chalets liegen direkt am Ufer des Groot Marico.
• Tel. 087/820 0021 | http://madikwe.net

Mosetlha Bush Camp €€
Die einfache, gemütliche Lodge mit Vollpension, Jeep- und Fußsafaris, 16 Gäste.
• Tel. 011/444 9345
  www.thebushcamp.com

HOCHEBENE & WÜSTE

In vielen Dörfern im Königreich
Lesotho stehen noch traditionelle Hütten

In Kimberley ist die Zeit des Diamantenfiebers noch lebendig, in Bloemfontein die burische Architektur. In Lesotho, in der Sandwüste der Kalahari oder an den Augrabies Falls beeindruckt vor allem die Landschaft.

In der herben Landschaft setzen einige Sehenswürdigkeiten besondere Akzente. In Kimberley führten Diamantenfunde, einer der Grundpfeiler des Wohlstands Südafrikas, zu einem riesigen, von Hand geschaffenem Loch, dem Big Hole. An den Augrabies Falls bei Upington stürzt der Oranje donnernd in eine Schlucht – vor allem im November und Dezember ein eindrucksvolles Schauspiel. Die Sandwüste der Kalahari wurde zum Rückzugsgebiet für Löwen, Antilopen und die San, die Ureinwohner Südafrikas. Für einen Ausflug in das »Himmelskönigreich« Lesotho eignet sich die Rosenstadt Bloemfontein als Start.

TOUR IN DER REGION

ᵀᴼᵁᴿ
13

DIAMANTEN, BERGE UND SANDMEERE

ROUTE: Johannesburg › Kimberley › Upington › Kgalagadi Transfrontier Park › Augrabies Fall National Park › Bloomfontein › Lesotho › Johannesburg

KARTE: Seite 131
DAUER UND LÄNGE: 9 Tage, ca. 2900 km
PRAKTISCHE HINWEISE:
• Ein Mietwagen ist angebracht. Die Distanzen zwischen den einzelnen Stationen sind lang.
• Tiere und defekte Autos machen Fahrten im Dunkeln riskant.
• Es gibt es nur wenige Hotels.

TOUR-START:
Ausgangspunkt ist **Johannesburg**, erste Übernachtungsstation **Kimberley 1** › S. 138. Die Stadt wuchs schnell, die Jagd nach Diamanten ließ kaum Zeit für gediegene Architektur. Dafür grub man das größte je von Menschenhand geschaffene Loch, das Big Hole. Außerhalb Kimberleys kann man Felszeichnungen der San entdecken. Via **Upington 4** › S. 144 erreicht man über 600 km weiter den **Kgalagadi Transfrontier Park 6** › S. 145 In der rotsandigen Kalahari sollte man ein paar Tage bleiben, um die vielen

Tiere in der weitläufigen Region aufzuspüren. Das Rauschen der **Augrabies Falls** **5** › S. 144 erscheint wie Lärm nach der Stille der Wüste. Ruhe dominiert auch in den Bergen von **Lesotho** **3** › S. 142, wo das Pony das beste Fortbewegungsmittel ist. Als Ausgangspunkt für den Besuch im Königreich bietet sich die »Rosenstadt« **Bloemfontein** **2** › S. 141 an.

VERKEHRSMITTEL

- Die Region lässt sich gut mit einem normalen Pkw bereisen. Die Straßen im Kgalagadi Transfrontier Park bestehen aus festen Pisten, die in der Regenzeit z. T. überflutet sind. Hier ist ein 4x4 Fahrzeug empfehlenswert.
- Wer bei der Anreise Zeit sparen möchte, kann von Johannesburg nach Kimberley oder Upington fliegen und dort einen Mietwagen nehmen.

UNTERWEGS IN DER REGION

KIMBERLEY **1** 📙 F5

Hier wurden 1867 die ersten Diamanten gefunden und schon wenige Jahre später schürften Zehntausende im öden Highveld – es entstand das Big Hole, das Große Loch. Als es mit der planlosen Graberei ein Ende hatte, kämpften zwei Männer um die Kontrolle der Diamantenfelder: der Londoner Barney Barnato und Cecil John Rhodes. 1888 übergab der 35-jährige Rhodes seinem Widersacher den bis dahin wertmäßig größten Scheck aller Zeiten über mehr als 5 Mio. Pfund und gründete die **De Beers Consolidated Mines** – so genannt nach der Farm der Brüder De Beers, die reiche Diamantenvorkommen barg. Heute leitet Nicholas Oppenheimer in der dritten Generation den De-Beers-Konzern und kontrolliert damit 90 % der weltweiten Diamantenproduktion.

Zum Komplex des **McGregor Museum** gehören insgesamt sieben Museen: das Haupthaus McGregor Museum (Atlas Street, Mo–Sa 9 bis 17 Uhr), das **McGregor Memorial Museum** (Chapel Street, Mo–Fr 9–17 Uhr) mit Informationen zur Stadtgeschichte, die **Duggan-Cronin Gallery** mit Objekten zur Geschichte der schwarzen Völker (z. B. Alltagsgegenstände) und einer Sammlung beeindruckender Fotografien, die der wohlhabende Bürger Alfred Duggan-Cronin zwischen 1919 und 1939 von »Eingeborenen« machte (Egerton Road, Mo–Fr 9–17 Uhr), das **Dunluce House** (Lodge Road) und das **Rudd House** (Loch Road, beide nur nach Voranmeldung zu besichtigen, Tel. 053/839 2722). Außerhalb der Stadt liegen das **Magersfontein Battlefield** (30 km auf der N8, Mo bis Fr 8–17 Uhr) und die **Wonderwerk Cave** (an der R31, tgl. 8 bis 17 Uhr, www.museumsnc.co.za).

Das neoklassizistische Rathaus, die **City Hall** im Herzen von Kimberley (225 000 Einw.) an der Old

Main Street/Ecke Transvaal Road, wurde 1899 fertig gestellt; die Straßenlampen am Platz sind Nachbildungen der Originale. Kimberley rühmte sich schon 1882 als erste Stadt des Landes einer elektrischen Beleuchtung.

Vom Rathaus aus fährt als Touristenattraktion eine restaurierte offene Trambahn aus dem Jahr 1913 zum **Big Hole** und dem Kimberley Mine Museum. Die historische Bahn zuckelt kurz nach der Abfahrt quietschend an einem lang gestreckten viktorianischen Gebäude in der Stockdale Street vorbei, der

De-Beers-Verwaltungszentrale. Das geschichtsträchtige Haus war ab 1879 Sitz der Central Mining Company.

Die Bahn passiert auf ihrem Weg das (geschlossene) **Pub Star of the West**, angeblich einmal die älteste Kneipe Südafrikas mit entsprechendem Flair. Sie erhielt ihre Schanklizenz 1873 und hatte 135 Jahre offen.

KIMBERLEY MINE MUSEUM ⭐

Das Museum ist die Endstation der Straßenbahn, ein sehenswertes Dorf aus der Zeit des Diamantenfiebers ab 1869. Anders als die rekons-

TOUR AUF DER HOCHEBENE UND IN DER WÜSTE

TOUR ⑬　DIAMANTEN, BERGE UND SANDMEERE › S. 137

Johannesburg › Kimberley › Upington › Kgalagadi Transfrontier Park › Augrabies Falls National Park › Bloemfontein › Lesotho › Johannesburg

truierten Häuser von Gold Reef City bei Johannesburg › S. 96 sind einige dieser insgesamt 49 Gebäude Originale. Dazu gehören die kleine **Deutsch-Lutheranische Kirche** (1875) und Kimberleys ältestes Haus – als »Bausatz« 1877 aus Großbritannien herangeschafft.

Eine der Attraktionen ist der »Real Diamond Display« mit einer Ausstellung von echten Diamanten. Sie informiert über Farben, Typen und Größen der im Big Hole gefundenen Juwelen, darunter ein 616 Karat schwerer ungeschliffener Stein, der größte oktagonale unbearbeitete Diamant der Welt.

Beim Betreten der (nachgebauten) Bar **Digger's Rest** ertönt Klaviergeklimper und Gesang. Oldtimer-Karossen aus der Zeit um 1900 sind im Museum ebenso ausgestellt wie der 1897 in Chicago produzierte Eisenbahnwaggon für den Direktor der Firma De Beers (Tucker Street, tgl. 8–17 Uhr, www.thebig hole.co.za). Von zwei Aussichtspunkten blickt man in das **Big Hole**, das tiefste von Menschenhand gegrabene Loch der Welt. Von 1889 bis zur Schließung 1914 wurden über 20 Mio. Tonnen Erdreich und Fels ausgehoben. Das Loch hat einen Durchmesser von fast 500 m und ist 800 m tief; der größte Teil ist mit Grundwasser gefüllt. Hier wurden 2700 kg Diamanten im Wert von 35 Milliarden Euro ans Tageslicht gebracht.

WILDEBEEST KUIL ROCK ART TOURISM CENTRE

Das Zentrum, 15 km nordwestlich von Kimberley, schützt Felsen mit 200 alten **Steinritzungen** der San; Audioguides geben Erläuterungen zu den zehn Stationen. Arbeiten der !Xun und Khwe San – Malereien, Textilien, Töpferwaren – werden hier auch verkauft (Mo–Fr 9 bis 16 Uhr, Tel. 082/222 4777, www. wildebeestkuil.itgo.com).

INFO

Diamantveld Tourist Office
Mo–Fr 8–17, Sa 9–14 Uhr
• 121 Bultfontein Road | Tel. 053/830 6779
www.facebook.com/Kimberley
TourismInformationCentre

VERKEHR

Flugverbindungen: tgl. nach Durban, Johannesburg, Kapstadt, Upington u. a. Kein Bustransfer in die Stadt.

💬 DIAMANTENFÖRDERUNG

Die **Bultfontein-Mine** ist eine der drei Diamantenminen von Kimberley. Hier begannen 1869 Schürfer mit Hacke und Schaufel nach Diamanten zu graben und schufen eines von fünf Big Holes in Südafrika. Mittlerweile ist man bei mehr als 800 m Tiefe angelangt, der Abbau wird sich nur noch einige Jahre lohnen. Die einstige Diamantenmetropole Kimberley ist heute noch mit 10 % an der südafrikanischen Diamantenförderung beteiligt. Reichere Vorkommen finden sich in Cullinan bei Pretoria und in Alexander Bay an der Westküste.

Fourth Radsaal in Bloemfontein mit seiner charakteristischen Kuppel

HOTEL
Cecil John Rhodes Guesthouse €–€€
Sieben stilvolle Zimmer in einer alten Villa,
Teegarten.
• 138 Du Toitspan Road | Tel. 053/830 2500
  www.ceciljohnrhodes.co.za

RESTAURANT
Annabell's €–€€
Fleisch, Fisch, Pasta und Pizza in gemütlichem Ambiente, auch vegetarisches.
• 229 Du Toitspan St. | Tel. 053/831 6324

BLOEMFONTEIN/ MANGAUNG G5

1841 wurde die »Rosenstadt« an einer Quelle gegründet, heute feiert sie in der zweiten Oktoberhälfte ein Rosenfest. Ein Großteil der rund 800 000 Einwohner des Verwaltungsbezirks arbeitet in staatlichen Institutionen. Bloemfontein, Geburtsstadt des »Herr der Ringe«-Autors Tolkien, ist eine der wenigen Gemeinden Südafrikas ohne Finanzdefizite. 2008 konstituierte sich hier die Partei *Congress for the People* als Konkurrenz zum ANC.

Einen guten Überblick gewinnt man vom **Naval Hill** im Norden der Stadt. Am Fuß des Hügels ist die größte Orchideensammlung des Landes zu bewundern.

PRESIDENT BRAND STREET ⭐
Mit gleich zehn interessanten historischen Gebäuden kann die 500 m lange Straße aufwarten. Den Bummel beginnt man am besten an der **City Hall**, die 1935 mit italienischem Marmor erbaut wurde. Das schöne Rathaus ist das Wahrzeichen der Stadt. Unverwechselbar ist der 1893 vollendete **Fourth Radsaal** mit seiner hohen Kuppel und den Vorbau stützenden dorischen Säulen. Bis 1900 tagte hier der Volksrat der ehemaligen Burenrepublik.

Der **Court of Appeal,** das Berufungsgericht, stammt aus dem Jahr 1929. Prächtige Holztäfelungen und Schnitzereien schmücken seine Säle. Das **Old Government Building** von 1875 beherbergt das National Afrikaans Literary Museum (Tel. 051/471 14013, Mo–Fr 8–16 Uhr), das um eine Abteilung zur Sesotho-Sprache erweitert wurde.

Vorbei an **Waldorf** und **Jubileum Building** aus den 1920er-Jahren geht es zum **Supreme Court** von 1906. Schräg gegenüber entstand 1885 die eindrucksvolle **Old Presidency** in viktorianischem Stil.

NATIONAL MUSEUM UND ANGLO-BOER WAR MUSEUM

Das **National Museum** beherbergt eine bedeutende Sammlung von Fossilien und archäologischen Funden, außerdem eine Ausstellung über die Kultur der San und die Geschichte des Oranje-Freistaates (36 Aliwal Street, www.nasmus.co.za, Mo–Fr 8–17, Sa 10–17, So 12 bis 17 Uhr). Den zweiten Krieg zwischen Briten und Buren (1899 bis 1902) dokumentiert das **Anglo-Boer War Museum** an der Monument Road. Der nahe 36,5 m hohen Obelisken erinnert an die 26 000 Frauen und Kinder, die in britischen Konzentrationslagern umkamen (www.wmbr.org.za, Mo–Fr 8–16.30, Sa 10–17, So 11–17 Uhr).

INFO

Bloemfontein Tourist Centre
Mo–Fr 8–16.15 Uhr, Sa 8–12 Uhr
• Willows | 60 Park Road
 Tel. 051/405 8489 | www.mangaung.co.za

HOTELS
Protea Hotel €€
Modernes Haus, groß aber attraktiv, Garten und Pool, nahe dem Geschäftsviertel.
• 202 Nelson Mandela Drive
 Tel. 051/444 4321 | www.marriott.com

Hobbit Boutique Hotel €
Alte noble Villa mit plüschigen Zimmern, Restaurant, Pool im Garten.
• 19 President Steyn Ave.
 Tel./Fax 051/447 0663 | www.hobbit.co.za

RESTAURANTS
New York €€
Genießt einen ausgezeichneten Ruf; sehr gute Fleischgerichte, große Weinkarte.
• 60 Second Ave. | Westdene
 Tel. 051/447 7279
 www.newyorkrestaurant.co.za
 So abends geschl.

Longhorn Grill €–€€
Steakhouse mit ausgezeichneten Grillplatten, die zahlreichen Toppings verfeinern weiter; außerdem Pasta und Fischgerichte.
• 1 Du Plessis Avenue | 1st Floor (Spitskop Centre) | Tel. 082/556 8510
 www.longhorngrill.co.za

AUSFLUG INS KÖNIG-REICH LESOTHO ⭐

Mit 30 355 km² ist Lesotho etwa so groß wie Belgien. Die 1,7 Mio. Einwohner sind größtenteils Basotho. Das »Himmelskönigreich« trägt den Namen zu Recht: Sein niedrigster Punkt liegt 1388 m hoch über dem Meer. Der **Thabana Ntlenyana** (3482 m) ist der höchste Berg des südlichen Afrika. 1987 wurde mit einem gigantischen Staudamm-projekt begonnen, das mehr als 30 Jahre dauern wird und fünf Stau-dämme im Herzen von Lesotho umfasst. Der im Norden entspringende Gariep (in Lesotho heißt er Senqu) wird im Quellbereich aufge-staut und das Wasser dann durch insgesamt 225 km lange Tunnel in den Vaal-Damm im Norden des Oranje-Freistaats geleitet. So soll die Wasserknappheit im Großraum Johannesburg beseitigt werden.

Deutsche, Schweizer und Öster-reicher benötigen für einen Aufent-halt bis 3 Monate bzw. 30 Tage kein Visum (Reisepass muss noch min-destens 6 Monate nach Einreise gel-ten). Bei Einreise mit dem Mietwa-gen muss man ein vom Vermieter ausgehändigtes »Carnet de Passage« (Zolldokument) mitführen. In Le-sotho kann man mit südafrikani-schen Rand oder der Landeswäh-rung Loti (Mehrzahl Maloti) bezahlen. Beide Währungen haben den selben Kurs.

SEHENSWERTES

Der Tafelberg **Thaba Bosiu** ist nur 25 km von der Hauptstadt **Mase-ru** 🟧3 🎌 G5 entfernt. Hier lebte Kö-nig Moshoeshoe, der Gründer des Königreichs. Auf dem Plateau sind die Ruinen der Festung und die Steingräber der königlichen Familie zu sehen.

120 km südöstlich von Maseru erreicht man den **Maletsunyane-Wasserfall** – mit 193 m einer der höchsten Wasserfälle im südlichen Afrika. Zwei Drittel des Wegs sind Schotterstraße, ab **Semonkong** geht

es eine Stunde auf dem Pony weiter. Der Blick in die atemberaubende Schlucht lohnt sich zweifelsohne!

Die drei Pisten des modernen **Afri-Ski Resort** liegen in den Malu-ti Mountains in bis zu 3322 m Höhe. Das Skigebiet auf dem Dach Afrikas umfasst vier Schlepplifte, Schneeka-nonen aus Österreich, Skischule, Shop (Skier, Snowboards, Ski- und Schneeschuhe) sowie Chalets zum übernachten (Afri-Ski, Tel. 0027/861/237 4754, www.afriski.net).

INFO

Lesotho Tourism Develpoment Corporation
• Linare/Parliament Road | Maseru
Tel. 00266/2231 2427
www.visitlesotho.travel

HOTELS

Lesotho Avani €€€
Bietet internationalen Standard und sicher den schönsten Blick auf die Stadt.
• Maseru | Tel. 00266/2224 3000
www.minorhotels.com

💬 **PONYTREKKING**

Die schönsten Ecken des König-reichs sind nur auf dem Rücken eines Basotho-Ponys zu errei-chen. Berghotels bieten Ausrit-te von einer Stunde bis zu einer Woche an. Am bekanntesten und sehr erfahren in der Durch-führung von Ponytrekking (1 Tag oder 2–6 Tage) ist die **Malealea Lodge** bei Morija, Tel. 0027/82/552 4215, www.malealea.co.ls.

Lancer's Inn €

Bungalows mit Charme in einer Gartenanlage, zentrale Lage.

• Kingsway/Pioneer Road | Maseru
Tel. 00266/2231 2114
www.lancersinn.co.ls

Semonkong Lodge €

Schöne Rundhütten, gutes Restaurant, Ponyreiten.

• Tel./Fax 00266/2700 6037
www.placeofsmoke.co.ls

UPINGTON/
KHARA HAIS 4 🏞 D4

Der Ort (60 000 Einw.) verdankt seine Existenz dem Bewässerungsfeldbau; Lebensader ist der Oranje. Die große Rosinen-Fabrik ist eine der modernsten der Welt. Außerdem befindet sich hier der größte Weinkeller des Landes.

Im nahen **Spitskop-Reservat** leben Gazellen, Strauße, Zebras und Gnus. Von einem Hügel aus riesigen Granitblöcken bietet sich ein grandioser Ausblick auf die unendliche Weite der Kalahari-Wüste (Info-Tel. 082/445 8324).

INFO

Tourist Information

• Khara-Hais Tourism Centre
Mutual Street | Tel. 054/338 7151
www.zfm-dm.co.za

UNTERKUNFT

Le Must River Manor €€

Komfortables Gästehaus am Flussufer.

• 12 Murray Ave. | Tel. 054/332 3971
www.lemustupington.com

AUGRABIES FALLS
N. P. 5 ⭐ 🏞 D4

»Ort des Lärms« nannten die San die Wasserfälle, das absolute Highlight des Nationalparks. Hier ergießt sich der Oranje in mehreren Kaskaden in eine 18 km lange, bis zu 240 m tiefe Granitschlucht. Der größte Wasserfall ist 56 m hoch und 150 m breit.

Am spektakulärsten sind die Augrabies Falls im November und Dezember – nach den Regenfällen im südafrikanischen Frühling. Dann steigen die Tagestemperaturen allerdings auf über 40 °C im Schatten an; deshalb ist der 40 km lange **Klippspringer Hiking Trail** nur von 1. April bis 30. September machbar. (vorherige Buchung notwendig). Der 5 km lange **Dassie Trail** (Klippschliefer-Weg) kann ganzjährig begangen werden; die Route führt vom Camp zur Schlucht und zum sanft gewölbten Granitgipfel des **Moon Rock**.

Vom Parkplatz im Westen des Parks gelangt man nach einem Abstieg von 100 Höhenmetern zum **Echo Corner.** Man sieht hier nicht nur den Oranje mit seiner eindrucksvollen Felsschlucht, sondern kann auch sein Echo erleben.

Im Nationalpark leben vor allem die kleinen Klippspringer und andere Antilopenarten, Giraffen und Leoparden, Meerkatzen und Paviane. Besuchern stehen klimatisierte Chalets, ein Caravanplatz, Restaurant und Swimmingpool zur Verfügung (www.sanparks.org).

HOTEL

Dundi Lodge €€
Kleine elegant-luxuriöse Lodge unweit der
Wasserfälle mit exzellenter Küche und
herzlichen Gastgebern.
• Airport Bvd. | Augrabies Falls
Tel. 054/451 9200 | www.dundilodge.co.za

KGALAGADI TRANSFRONTIER PARK 6 ⭐12 📖 D3

Der riesige, wildreiche Nationalpark (3,6 Mio. ha) entstand aus dem
Kalahari Gemsbok National Park
auf südafrikanischer und dem
Gemsbok National Park auf botswa-
nischer Seite. Hier finden die Tiere
genügend Weidegründe. Herden
von Oryxantilopen und Springböcken, Geparden, Gnus und andere
Großtiere leben in dieser Halbwüste
mit rötlichem Sand und einzelnen
Akazien. Die Löwen der Kalahari
können wochenlang ohne Wasser
auskommen. Sie ernähren sich v. a.

von Stachelschweinen. Den südafrikanischen Teil des Parks begrenzen
V-förmig zwei fossile Flussbetten
(Twee Rivieren), in denen gute Pisten zur Grenze von Namibia führen.
Die Zufahrt von Upington zum
Südeingang des Parks bei Twee Rivieren ist inzwischen asphaltiert
(265 km). Das Gebiet des Parks war
Siedlungsraum der San. 1999 gab
die südafrikanische Regierung ihnen ein Stück Land bei Andriesvaal
zurück, ihre traditionelle Lebensweise als Jäger und Sammler ist jedoch nicht mehr möglich.

UNTERKUNFT

Die älteren Rastlager **Twee Rivieren, Nos-
sob** und **Mata Mata** bieten neben Camping
auch Chalets, Shops und Tankstelle. Schön
ist das Kalahari Tented Camp neben Mata
Mata gleich an der Grenze zu Namibia: 15
Chalets mit Zeltwänden auf einer Sanddü-
ne; Wasserloch für die Tiere und Pool. Weitere einfache Camps sind **Bitterpan** und
Grootkolk, Buchung South African National
Parks, www.sanparks.org › S. 31.

Über mehrere Kaskaden stürzt der Oranje im Augrabies Falls National Park in die Tiefe

EXTRA-TOUREN

Der Strand von Plettenberg Bay ist ein beliebtes Badeziel

TOUR 14

WILDPARKS UND KÜSTEN IN 14 TAGEN

VERLAUF: Johannesburg › Pretoria › Blyde River Canyon › Kruger-Nationalpark › Ostküste › Durban › Port St. Johns › Port Elizabeth

KARTE: Klappe hinten
DAUER UND LÄNGE: Johannesburg/Pretoria › Blyde River Canyon › Kruger-Nati-onalpark 6–8 Std. (plus 1 Std. z. B. zum Satara-Camp); **Kruger-Nationalpark › Hlu-luwe-Umfolozi National Park** 8 Std.; **Hluhluwe-Umfolozi National Park › Durban** 2–3 Std.; **Durban › Port St. Johns** ca. 4 Std.; **Port St. Johns › Port Elizabeth** 6–7 Std.; ca. 1900 km
VERKEHRSMITTEL: Für die Strecke benötigen Sie einen Mietwagen. Von Johannes-burg starten organisierte Touren zum Blyde River Canyon und in den Kruger-Natio-nalpark; per Flugzeug geht's von Durban nach Port Elizabeth.

Diese klassische Südafrika-Tour führt Erstbesucher zu einigen herausragen-den Attraktionen des Landes. Nach der Ankunft in **Johannesburg** › S. 99 lohnt es sich, für die Erkundung der Metropole zwei Tage zu planen. Auch das nahe **Pretoria** › S. 122 eignet sich als Startort. Dann steht die Fahrt zum **Blyde River Canyon** › S. 126 auf dem Programm, dessen wilder Bergland-schaft man etwas Zeit widmen sollte, auch wenn wenig östlich der **Kruger-Nationalpark** › S. 128 mit seinem Wildreichtum lockt. Nach weiteren zwei bis drei Tagen unterbricht die lange Fahrt an die Ostküste von KwaZulu-Natal das Naturerlebnis, dort bleibt man zwei Tage im **Hluh-luwe-Umfolozi National Park** › S. 116. In der Hafenstadt **Durban** › S. 109, dem Freizeitparadies Südaf-rikas, lohnen zwei Übernachtun-gen. Von hier geht es nach **Port St. Johns** an die raue **Wild Coast** (zwei Tage) oder direkt von Durban per Flugzeug nach **Port Elizabeth** (1,5 Std.) zum Ausgangspunkt der berühmten **Garden Route** › S. 85.

Donkin Street in Port Elizabeth

TOUR
15

EINE WOCHE ENTLANG DER GARDEN ROUTE

VERLAUF: Port Elizabeth > Addo Elephant Park > Plettenberg Bay > Knysna > Wilderness Area > Oudtshoorn > Mossel Bay > Cape Agulhas > Hermanus > Kapstadt

KARTE: Klappe hinten
DAUER UND LÄNGE: **Port Elizabeth** > **Addo Elephant Park** 1,5 Std.; **Tsitsikamma N. P.** > **Plettenberg Bay** 3 Std.; **Plettenberg Bay** > **Knysna** > **Wilderness** > **Oudtshoorn** 2 Std.; **Oudtshoorn** > **Mossel Bay** > **Cape Agulhas** 3,5 Std.; **Cape Agulhas** > **Hermanus** > **Kapstadt** 3.5 Std.; rund 1000 km
VERKEHRSMITTEL: Zum Besuch aller Sehenswürdigkeiten in der angegebenen Zeit sollten Sie ab Flughafen Port Elizabeth ein Mietauto nehmen. Die Tour eignet sich gut als Anschlussstrecke für die zweiwöchige Reise zu Wildparks und Küsten > S. 147, oder für Kurzentschlossene, die im Winter für ein bis zwei Wochen ins Warme möchten.

Gleich nach der Ankunft in **Port Elizabeth** > S. 83 locken die schönen Sandstrände für ein Bad im Indischen Ozean, ehe Sie afrikanische Natur und Tiere im **Addo Elephant Park** > S. 84 erleben können. Eine Übernachtung sollte man auf jeden Fall einplanen, um die Tiere auch bei Dunkelheit zu beobachten. Im **Tsitsikamma National Park** > S. 85 wird man begeistert sein von der wilden Felsenküste, gegen die das Meer peitscht.

Oudtshoorn ist das Zentrum der Straußenwirtschaft

Am nächsten Tag lädt der wunderschöne Strand von **Plettenberg Bay** › S. 86 zum Entspannen ein. Von Juli bis November können Sie hier bei einer Waltour die riesigen Säuger aus der Nähe erleben. Zu Badespaß locken zum Jahreswechsel auch die kilometerlangen Traumstrände hinter der Lagune von **Knysna** › S. 87 und rund um **Wilderness** › S. 88. In der üppig, saftig grünen Landschaft lohnt eine Fahrt mit dem Paddelboot, ehe es am nächsten Tag ins Landesinnere in die trockene Kleine Karoo und weiter nach **Oudtshoorn** › S. 90, dem Zentrum der Straußenwirtschaft, geht.

Zurück an der Küste ist **Mossel Bay** › S. 89 die nächste Station. Im Museumskomplex liegt das Schiff von Bartholomeu Diaz, mit dem der Portugiese einst um den südlichsten Punkt Afrikas herum, dem **Cape Agulhas** › S. 74, segelte. Lassen Sie sich den Wind um die Nase wehen und fahren Sie weiter nach **Hermanus** › S. 73. Auch hier in der Walker Bay kommen die Wale von Juli bis November nahe an die Küste, Grund für einen Aufenthalt.

In **Kapstadt** › S. 55 sollten Sie direkt in der City wohnen. Hier vergeht allein ein Tag mit Besichtigungen im Zentrum und der Victora & Alfred Waterfront. Bei gutem Wetter fahren sie per Seilbahn hoch zum **Tafelberg** › S. 64 – die besten Chancen für einen Panoramablick sind frühmorgens. Dann bleibt noch Zeit für einen Ausflug nach **Robben Island** › S. 63, dem Verbannungsort von Nelson Mandela.

DIE HÖHEPUNKTE IN 24 TAGEN

VERLAUF: Johannesburg › Blyde River Canyon › Kruger-Nationalpark › Pretoria › Kimberley › Augrabies Falls › Kgalagadi Transfrontier Park › Keetmannshoop › Clanwilliam › Kapstadt › Oudtshoorn › Plettenberg Bay › Port Elizabeth

KARTE: Klappe hinten
DAUER UND LÄNGE: **Johannesburg › Blyde River Canyon › Kruger-Nationalpark** 6–8 Std.; **Kruger-Nationalpark (Süden) › Pretoria** 3 Std.; **Pretoria › Kimberley** 6 Std.; **Kimberley › Augrabies Falls** 6 Std.; **Augrabies Falls › Kgalagadi Transfrontier Park** 5 Std.; **Kgalagadi T. P. › Springbok** 7,5 Std.; **Springbok › Clanwilliam › Kapstadt** 6 Std.; **Kapstadt › Oudtshoorn** 4,5 Std.; **Oudtshoorn › Plettenberg Bay › Port Elizabeth** 5 Std.; rund 4500 km
VERKEHRSMITTEL: Für die Strecke benötigen Sie einen Mietwagen. Johannesburg wird von den großen Flughäfen in Europa direkt angeflogen. Von Port Elizabeth Inlandsflüge nach Johannesburg, von dort zurück nach Europa.

Fesselnder Blick in den Blyde River Canyon in den Drakensbergen

Nach der Ankunft in **Johannesburg** › S. 99 lohnt es sich, für die Erkundung der Metropole zwei Tage zu planen, bevor einer der weltweit größten Canyons, der **Blyde River Canyon** › S. 126 mit einer wilden Berglandschaft auf dem Programm steht. Nur wenig weiter östlich lockt der **Kruger-Nationalpark** › S. 128 mit seinem Wildreichtum, für den Sie sich mindestens zwei bis drei Tage Zeit nehmen sollten. Wenn Sie nach dem Buscherlebnis im Süden den Park wieder verlassen, können Sie in drei Stunden die Hauptstadt **Pretoria** › S. 122 erreichen, die Sie gut in einem halben Tag erkunden.

Am nächsten Tag ist die Diamantenstadt **Kimberley** › S. 138 mit dem größten je von Hand erschaffenen Erdloch das Ziel. Nach einer Übernachtung geht es weiter durch endlose Steppenlandschaft nach **Upington** › S. 144 und zu den rauschenden **Augrabies Falls** › S. 144, bevor Sie im **Kgalagadi Transfrontier Park** › S. 145 den Hauch der Wüste spüren. In **Springbok** › S. 77 sind Sie im Namaqualand angekommen. Von August bis Oktober verwandelt Regen die trockene Landschaft in ein Blumenmeer. Zu anderen Jahreszeiten fahren Sie direkt weiter nach **Clanwilliam** › S. 76 und bleiben dort zwei bis drei Tage für Touren in die Einsamkeit der Cederberge.

In **Kapstadt** › S. 55 sollten Sie sich mindestens vier Tage Zeit nehmen, um die vielen Sehenswürdigkeiten in der Stadt und in der Umgebung zu erkunden. Mitten durch die schöne Landschaft der Kleinen Karoo geht es zur

Hochburg der Straußenzucht nach **Oudtshoorn** › S. 90, wo Sie eine Nacht auf einer Straußenfarm verbringen können. Erfrischendes Klima empfängt einen an der berühmten **Garden Route** › S. 85. In **Plettenberg Bay** › S. 86 oder **Knysna** › S. 87 sollten Sie bei einem Badeaufenthalt die kilometerlangen Traumstrände genießen, ehe Sie von **Port Elizabeth** › S. 83 über Johannesburg oder Kapstadt wieder zurück nach Europa fliegen.

MIT DEM BLUE TRAIN UNTERWEGS

VERLAUF: Pretoria › Kapstadt

KARTE: Klappe hinten
DAUER UND LÄNGE: 31 Std. inklusive Zwischenstopp; 1600 km
VERKEHRSMITTEL: Den Platz im Luxuszug sollte man mindestens ein Jahr vorher reservieren › S. 26! Unterwegs gilt dann: gepflegte Kleidung tagsüber, Krawatte und Jackett am Abend. Trinkgeld für Kofferträger am Bahnhof und am Ende der Reise in einem Briefumschlag für das ganze Team.

Vom Bahnhof in **Pretoria/Tshwane** › S. 122 geht es früh morgens Richtung Südwesten durch weite Weizenfelder zur Diamantenstadt **Kimberley** › S. 138, wo der Zug spätnachmittags einrollt und ein Besuch im **Kimberley Mine Museum** auf dem Programm steht. Am nächsten Tag geht es durch die einsamen Weiten der Karroo, gegen Mittag endet die Fahrt in **Kapstadt** › S. 55 (ab 2019 sind zwei Nächte geplant). Der Zug fährt auch in Süd-Nord-Richtung und hält dann in **Matjiesfontein,** einem Museumsort von 1884 an der N 1 mit einem alterwürdigen Hotel, rotem Doppeldeckerbus und Häusern im viktorianischen Stil. › mehr S. 16 Punkt **23**

Mit viktorianischer Architektur besticht das Lord Milner Hotel in Matjiesfontein

INFOS VON A–Z

ÄRZTLICHE VERSORGUNG

Die ärztliche Versorgung hat europäischen Standard. Apotheken (Pharmacy oder Chemist, in Afrikaans: Apteek) sind gleichzeitig Drogerien. Angaben über den nächsten Arzt (Medical Practitioners) oder Krankenhaus (Hospital) findet man in jedem lokalen Telefonbuch.

- Krankenwagen: Tel. 10 177.

BARRIEREFREIES REISEN

In den größeren Hotels und in den staatlichen Rastlagern wird für behindertengerechte Unterbringung gesorgt. Die **Association for the Physically Disabled** hilft bei der Reiseplanunglanung und vor Ort (http://apdjhb.co.za, Tel. 011/646 8331).

DEVISENBESTIMMUNGEN

Pro Person dürfen max. 25 000 Rand und Fremdwährungen bis 10 000 US$ eingeführt werden. Die Ausfuhr ist bis 25 000 Rand und in Höhe der eingeführten deklarierten Devisen möglich.

DIPLOMATISCHE VERTRETUNGEN

- **In Deutschland:** Südafrikanische Botschaft, Tiergartenstr. 18, 10785 Berlin, Tel. 0 30/22 07 30, Fax 22 07 31 90, www.suedafrika.org
- **In Österreich:** Sandgasse 33, 1190 Wien, Tel. 01/3 20 64 93, Fax 3 20 64 93 51, www.suedafrika-botschaft.at
- **In der Schweiz:** Alpenstr. 29, 3006 Bern, Tel. 031/350 13 13, Fax 350 39 44, www.southafrica.ch

In Südafrika:

- **Deutsche Botschaft,** 201 Florence Ribeiro Ave., Groenkloof, Pretoria 0181, Tel. 012/427 8900, Fax 427 8969, www.southafrica.diplo.de
- **Deutsches Generalkonsulat,** Roeland Park, 4 Stirling Street, Zonnebloem 7925, Tel. 021/405 3000, Fax 421 0400
- **Österreichische Botschaft,** 454a Fehrsen St., Brooklyn, Pretoria, Tel. 012/452 9155, Fax 460 1151, www.bmeia.gv.at/oeb-pretoria
- **Österreichisches Honorarkonsulat,** 390 Ridge Road, 4001 Berea/Durban, Tel. 031/242 5117, Fax 086/512 1089
- **Österreichisches Generalkonsulat,** F2 The Courtyard, Central Park on Esplanade, Century City, Kapstadt, Tel. 021/912 1351
- **Schweizer Botschaft,** 225 Veale St., Parc Nouveau, New Muckleneuk, Tel. 012/452 0660, Fax 346 6605, www.eda.admin.ch/pretoria
- **Schweizer Generalkonsulat,** 1 Thibault Square, Kapstadt, Tel. 021/400 7500, Fax 418 3688

EINREISE

Deutsche, Österreicher und Schweizer benötigen für einen Aufenthalt bis zu drei Monaten einen Reisepass (eigenes Reisedokument für Kinder), der noch mindestens dreißig Tage über das Ausreisedatum hinaus gültig ist und mindestens zwei freie Seiten aufweist. Bestimmungen für Lesotho > S. 143.

ELEKTRIZITÄT

220 bzw. 240 Volt Wechselstrom. Die Steckdosen sind dreipolig, in neuere Modelle passen auch zweipolige Stecker. Adapter (Two-Pin-Adapter) sind vor Ort erhältlich.

FEIERTAGE

Neben eigenen Feiertagen von Asiaten und Juden gibt es in Südafrika zwölf gesetzliche Feiertage: 1. Januar,

21. März (Tag der Menschenrechte), Karfreitag, Ostermontag (Familientag), 27. April (Freiheitstag), 1. Mai (Tag der Arbeit), 16. Juni (Tag der Jugend), 9. August (Nationaler Frauentag), 24. September (Tag des Erbes – Shaka Day der Zulu), 16. Dezember (Tag der Versöhnung), 25. und 26. Dezember.

FERIEN

Die Termine der Schulferien sind von Provinz zu Provinz verschieden: Sommerferien Anfang Dezember bis Mitte Januar, Osterferien März/April, Winterferien Juni/Juli, Frühlingsferien September/Oktober. Zu dieser Zeit sollte man Unterkünfte unbedingt reservieren!

GELD UND WÄHRUNG

Landeswährung ist der Rand (ZAR), unterteilt in 100 Cents. Im Umlauf sind Banknoten zu 10, 20, 50, 100 und 200 Rand. In Südafrika ist der Wechselkurs günstiger als im Heimatland. Es empfiehlt sich die Mitnahme von Bargeld in Euro. An Bankautomaten erhält man mit der Maestro- bzw. Kreditkarte und PIN Bargeld (meist Gebühr). In vielen Hotels, Restaurants und Geschäften kann man mit Kreditkarte bezahlen.

GESUNDHEITSVORSORGE

Impfungen sind nicht vorgeschrieben, empfohlen werden evtl. Auffrischungen der Impfungen gegen Polio, Tetanus, Diphterie sowie Hepatitis A. Malariaprophylaxe ist anzuraten für den Krüger-Nationalpark, die Provinzen Mpumalanga, Limpopo und den nördlichen Küstenstreifen von KwaZulu-Natal. In stehenden oder lansam fließenden Gewässern sollte man wegen der Bilharziosegefahr nicht baden. Leitungswasser kann in den großen Städten getrunken werden. Die Aidsraten in Südafrika sind dramatisch; 19 % der erwachsenen Bevölkerung gelten als HIV-positiv.

INFORMATION

In allen größeren Städten des Landes sind Informationsdienste eingerichtet, gekennzeichnet durch »i«.
- **South African Tourism**
  Friedensstr. 6–10, 60311 Frankfurt,
  Tel. 0800/118 9118 (kostenfrei),
  www.dein-suedafrika.de;
- Anfragen aus Österreich und der Schweiz über die jeweiligen Botschaften in Wien und Bern > S. 152.

KLEIDUNG

Auch wenn es an der Küste von KwaZulu/Natal im südafrikanischen Sommer recht heiß ist, können im übrigen Land nicht nur die Abende ziemlich kühl sein; ein warmer Pullover und eine Regenjacke gehören ebenso wie leichte Baumwollkleidung und Badesachen ins Reisegepäck. Zwischen Juli und September sinkt die Temperatur in den Bergen nachts auf unter null Grad. In guten Restaurants und Hotels wird abends formelle Kleidung erwartet. Angesichts der intensiven Sonneneinstrahlung sind eine Sonnenbrille und eine Kopfbedeckung unbedingt ratsam.

KRANKENVERSICHERUNG

Ratsam ist der Abschluss einer Auslandskrankenversicherung, die auch einen medizinisch sinnvollen Rücktransport einschließt. Alle Behandlungskosten vor

---

💬 URLAUBSKASSE

- Tasse Kaffee: 1 €
- Softdrink: 1,50 €
- Glas Bier: 1,50 €
- Hamburger/
  Sandwich: 3 €
- Sonnencreme (100 ml
  im Supermarkt): 5 €
- Taxifahrt (pro km): 1 €
- Mietwagen/Tag: ab 35 €

Ort sind gleich zu bezahlen und werden gegen Quittung im Heimatland von der Versicherung erstattet.

MEHRWERTSTEUER

Die südafrikanische Mehrwertsteuer (VAT – Value Added Tax) von 15 % wird bei einer Kaufsumme von über 250 Rand bei der Ausreise am Flughafen zurückerstattet. Wird die Ware mit Kaufbeleg am VAT-Schalter am Flughafen vorgelegt, erfolgt die Rückzahlung per Scheck (www.dfa. gov.za/consular/vat.htm).

NOTRUF

- Polizei-Notruf: Tel. 10111
- Ambulanz: Tel. 10177

ÖFFNUNGSZEITEN

- **Geschäfte** sind Mo–Fr 8–17 Uhr, Sa 8–13 Uhr geöffnet (Shoppingcenter bis 21 Uhr).
- **Tankstellen** bieten meist einen 24-Stunden-Service.
- **Banken** sind Mo–Fr 9–15.30 Uhr, Sa 9–11 Uhr geöffnet.
- Die meisten **Postämter** sind Mo–Fr 8–16.30 Uhr, Sa 8–12 Uhr geöffnet.

SICHERHEIT

In den Zentren der Großstädte hat sich die Situation zumindest während der Geschäftsöffnungszeiten etwas verbessert. Nächtliche Spaziergänge, Fahrten mit Vorortzügen sowie Erkundungen unbelebter Gegenden sollte man unbedingt unterlassen und nur Taxis namhafter Unternehmen nutzen. Wertsachen, Dokumente und Bargeld sollte man immer im Hotelsafe aufbewahren; Soweto oder andere Townships nur im Rahmen einer geführten Tour besuchen. Durchfährt man eine Stadt, sollten Türen des Fahrzeugs von innen verriegelt und Fenster geschlossen werden (siehe die Sicherheitshinweise des Auswärtigen Amts, www. auswaertiges-amt.de).

TELEFON/HANDY/INTERNET

Der größte Teil des Landes hat ein gut funktionierendes Telefonnetz. Münzfernsprecher findet man in blauen, Kartentelefone (auch für Ferngespräche) in grünen Telefonzellen. Telefonkarten sind in Postämtern, Supermärkten und am Flughafen erhältlich. Das Mobilfunknetz deckt fast das gesamte Land ab. Handys (Cells) funktionieren mit der eigenen SIM-Karte (hohe Roaming-Gebühren) oder einer preisgünstigen südafrikanischen SIM-Karte mit Prepaid-Guthaben (z. B. von MTN).

Internationale Vorwahlnummern

- Deutschland: 00 49
- Österreich: 00 43
- Schweiz: 00 41
- Südafrika: 00 27
- Lesotho: 00266 (aus Südafrika 09266).

Cafés mit WLAN-Hotspot (z.T. kostenlos) finden sich in größeren Städten leicht. Auch viele Hotels, B&Bs und Backpackers bieten einen Internetzugang.

TRINKGELD

erwarten Mitarbeiter in Restaurants, Zimmermädchen oder Taxifahrer.

ZOLL

Für den persönlichen Bedarf gelten folgende Einfuhrbestimmungen: 1 l Spirituosen, 2 l Wein, 400 Zigaretten, 250 g Tabak und 50 ml Parfum; für Jagdwaffen ist eine Genehmigung erforderlich.

Bei Wiedereinreise ins Heimatland sind pro Person über 17 Jahre Waren bis zu einem Gesamtwert von 430 € bzw. 300 CHF zollfrei. Präparierte Tiere dürfen nur mit Genehmigung aus- und in Europa eingeführt werden. Der Import von gefährdeten Pflanzen, Tieren und Elfenbein sowie Produkten daraus ist gemäß dem Washingtoner Artenschutzabkommen strengstens untersagt (www.arten schutz-online.de).

REGISTER

BILDNACHWEIS

Coverfoto: Kapstadt, Südafrika © laif/Jörg Modrow
Fotos Umschlagrückseite: © Shutterstock/Alex van Schaik (links); laif/Redux/NYT/ROBIN HAMMOND (Mitte); Getty Images/Edwin Remsberg (rechts)

Alamy/Edwin Remsberg: 15; Astrid Därr: 127, 130; AWL Images/CK: 79; AWL Images/Ian Trower: 10; dpa Picture-Alliance/Frank May: 47; Fotolia/Volker Haak: 146; Fotolia/Instinia: 41; Fotolia/Michael Jung: 89; Fotolia/Elzbieta Sekowka: 123; Fotolia/Sheila: 148; Werner Gartung: 77, 91, 108, 110, 129; Getty Images/Lonely Planet: 45; Getty Images/Edwin Remsberg: 30; Getty Images/Merten Snijders: 64; Getty Images/Westend61: 117; GlowImages/AfricaMediaOnline: 131; Jahreszeiten Verlag/Philip Koschel: 35, 94; Jahreszeitenverlag/Hendrik Holler: 71; Jahreszeiten Verlag/Maria Schiffer: 20/21, 32/33, 50, 61, 85; laif/Clemens Emmler: 74; laif/Christian Heeb: 25; laif/Thomas Linkel: 134; laif/Redux/NYT/ROBIN HAMMOND: 72; laif/robertharding/Ian Trower: 147; laif/Zurita/dePablo: 100; Dorothee Kern: 67; Friedrich Köthe: 8 o; Lord Milner Hotel: 151; mauritius images/Alamy/Images of Africa Photobank: 13; Daniela Schetar: 28; Shutterstock/Anne08: 17; Shutterstock/ChrisVanLennepPhoto: 27; Shutterstock/WOLF AVNI: 145, 154; Shutterstock/Codegoni Daniele: 80; Shutterstock/Kirsten Dewald: 125; Shutterstock/EcoPrint: 22; Shutterstock/Gil.K: 105, 106; Shutterstock/Bob Hilscher: 115; Shutterstock/Ikpro: 136, 150; Shutterstock/InnaFelker: 18; Shutterstock/Francesco de Marco: 119; Shutterstock/michaeljung: 54; Shutterstock/Vadim Petrakov: 19; Shutterstock/Alessia Pierdomenico: 37; Shutterstock/praphab louilarpprasert: 14; Shutterstock/Rich T Photo: 12; Shutterstock/Alex van Schaik: 38; Shutterstock/Nico Traut: 8 u; Shutterstock/Utopia_88: 16; Shutterstock/Wildside: 59; Jürgen Sorges: 43; stock.adobe.com/andrzej_67: 6/7; stock.adobe.com/jotily: 76; stock.adobe.com/walixx: 48/49; Wikipedia/Anne97432: 141.

Liebe Leserin, lieber Leser,
wir freuen uns, dass Sie sich für diesen POLYGLOTT on tour entschieden haben.
Unsere Autorinnen und Autoren sind für Sie unterwegs und recherchieren sehr gründlich, damit Sie mit aktuellen und zuverlässigen Informationen auf Reisen gehen können.
Dennoch lassen sich Fehler nie ganz ausschließen. Wir bitten Sie um Verständnis, dass der Verlag dafür keine Haftung übernehmen kann.

Ihre Meinung ist uns wichtig. Bitte schreiben Sie uns:
GRÄFE UND UNZER VERLAG
Postfach 86 03 66, 81630 München, Tel. 0 89 / 419 819 41
www.polyglott.de

LESERSERVICE
polyglott@graefe-und-unzer.de
Tel. 0 800 / 72 37 33 33 (gebührenfrei in D, A, CH), Mo–Do 9–17 Uhr, Fr 9–16 Uhr

1. Auflage 2019

© 2019 GRÄFE UND UNZER VERLAG GmbH, München
Dieses Buch wurde auf chlorfrei gebleichtem Papier gedruckt.
ISBN 978-3-8464-0391-4

Bei Interesse an maßgeschneiderten B2B-Editionen:
gabriella.hoffmann@graefe-und-unzer.de

Bei Interesse an Anzeigen:
KV Kommunalverlag GmbH & Co KG
Tel. 089/928 09 60
info@kommunal-verlag.de

Verlagsredaktion: Anne-Katrin Scheiter
Autoren: Daniela Schetar, Friedrich Köthe, Werner Gartung, Heidrun Brockmann, Martina Schwikowski
Redaktion: Dorothee Kern
Bildredaktion: Dr. Nafsika Mylona
Mini-Dolmetscher: Langenscheidt
Umschlaggestaltung & Layout:
Independent Medien Design, München
Horst Moser (Artdirection), Lucie Heselich
Karten und Pläne: Theiss Heidolph und Kunth Verlag GmbH & Co. KG
Satz: Tim Schulz, Mainz
Herstellung: Anna Bäumner
Druck und Bindung:
Printer Trento, Italien

PEFC/18-31-506

GRÄFE
UND
UNZER

Ein Unternehmen der
GANSKE VERLAGSGRUPPE

MINI-DOLMETSCHER ENGLISCH

ALLGEMEINES

Guten Morgen.	Good morning. [gud **moh**ning]
Guten Tag. (nachmittags)	Good afternoon. [gud after**nuhn**]
Hallo!	Hello! [**häl**loh]
Wie geht's?	How are you? [hau **ah**‿ju]
Danke, gut.	Fine, thank you. [**fain**, **θänk**‿ju]
Ich heiße ...	My name is ... [mai **nehm**‿is]
Auf Wiedersehen.	Goodbye. [gud**bai**]
Morgen	morning [**moh**ning]
Nachmittag	afternoon [after**nuhn**]
Abend	evening [**ihw**ning]
Nacht	night [nait]
morgen	tomorrow [tu**morr**oh]
heute	today [tu**deh**]
gestern	yesterday [**jes**terdeh]
Sprechen Sie Deutsch?	Do you speak German? [du‿ju spihk **dseh**öhmən]
Wie bitte?	Pardon? [**pahdn**]
Ich verstehe nicht.	I don't understand. [ai **dohnt** ander**ständ**]
Würden Sie das bitte wiederholen?	Would you repeat that please? [wud‿ju ri**piht** ðät, plihs]
bitte	please [plihs]
danke	thank you [**θänk**‿ju]
was / wer / welcher	what / who / which [wott / huh / witsch]
wo / wohin	where [wäə]
wie / wie viel	how / how much [hau / hau **matsch**]
wann / wie lange	when / how long [wänn / hau **long**]
warum	why [wai]
Wie heißt das?	What is this called? [**wott**‿is ðis **kohld**]
Wo ist ...?	Where is ...? [**wäər**‿is ...]
Können Sie mir helfen?	Can you help me? [kän‿ju **hälp**‿mi]
ja	yes [jäss]
nein	no [noh]
Entschuldigen Sie.	Excuse me. [iks**kjuhs** miðə]
rechts	on the right [on ðə reit]
links	on the left [on ðə left]
Gibt es hier eine Touristeninformation?	Is there a tourist information? [is‿ðər‿ə **tuə**rist infə**meh**schn]
Haben Sie einen Stadtplan?	Do you have a city map? [du‿ju häw‿ə **ßi**ti mäpp]

SHOPPING

Wo gibt es ...?	Where can I find ...? [wäə kən‿ai **faind** ...]
Wie viel kostet das?	How much is this? [hau‿matsch is‿ðis]
Das ist zu teuer.	This is too expensive. [ðis‿is **tuh** iks**pänn**ßiw]
Das gefällt mir (nicht).	I like it. / I don't like it. [ai **laik**‿it / ai **dohnt** laik‿it]
Wo ist eine Bank / ein Geldautomat?	Where is a bank / a cash dispenser? [**wäər**‿is ə‿**bänk** / ‿ə **käsch** dis**pänn**sə]
Geben Sie mir 100 g Käse / zwei Kilo ...	Could I have a hundred grams of cheese / two kilograms of ... [kud‿ai häw‿ə **hann**drəd grämms‿əw **tschihs** / **tuh kill**əgrämms‿əw ...]
Haben Sie deutsche Zeitungen?	Do you have German newspapers? [du‿ju häw **dseh**öhmən **njuhs**pehpers]

ESSEN UND TRINKEN

Die Speisekarte, bitte.	The menu please. [ðə **männ**ju plihs]
Brot	bread [bräd]
Kaffee	coffee [**koff**i]
Tee	tea [tih]
mit Milch / Zucker	with milk / sugar [wið‿**milk** / **schugg**er]
Orangensaft	orange juice [**orr**əndseh‿dseh**uhs**]
Mehr Kaffee, bitte.	Some more coffee please. [ßəm‿moh **koff**i plihs]
Suppe	soup [ßuhp]
Fisch	fish [fisch]
Fleisch	meat [miht]
Geflügel	poultry [**pohl**tri]
Beilage	sidedish [**ßaidd**isch]
vegetarische Gerichte	vegetarian food [wädseh**ə**täriən fud]
Eier	eggs [ägs]
Salat	salad [**ßäl**əd]
Dessert	dessert [di**ßöht**]
Obst	fruit [fruht]
Eis	ice cream [ais **krihm**]
Wein	wine [wain]
weiß / rot / rosé	white / red / rosé [wait / räd / **roh**seh]
Bier	beer [biə]
Mineralwasser	mineral water [**minn**rəl wohter]
Ich möchte bezahlen.	I would like to pay. [ai‿wud **laik**‿tə peh]

MEINE ENTDECKUNGEN

....
....
....
....
....
....
....
....
....
....
....
....
....
....
....
....
....
....

Teilen Sie Ihre Entdeckungen auf facebook.com/Polyglottreisewelt.

CHECKLISTE SÜDAFRIKA

Nur da gewesen oder schon entdeckt?

☐ **BUMMEL DURCH DIE VICTORIA & ALFRED WATERFRONT**
Die Vergnügungsmeile Kapstadts in einem ehemaligen
Industrieviertel am Hafen ist eines der beliebtesten Ziele in
der Stadt. › S. 60

☐ **WASSERPARK VOLLER TIERE**
Im iSimangaliso Wetland Park tummeln sich Nilpferde, Krokodile und Wasservögel – vom Boot aus lassen sie sich am besten
beobachten. › S. 115

☐ **NATUR PUR ERLEBEN**
Die vielfältigen Landschaftsformen und die einmalig reiche
Tierwelt im Kruger-Nationalpark erlebt man am intensivsten zu
Fuß auf einer Walkingtour. › S. 128

☐ **KAPHOLLÄNDISCHE ARCHITEKTUR**
Ein prachtvolles Beispiel für die strahlend weißen Herrenhäuser
mit ihren strohgedeckten Dächern ist Groot Constantia bei
Kapstadt. › S. 65

☐ **BESUCH BEIM WINZER**
Beim Besuch eines der vielen Weingüter in und um Stellenbosch
lernt man die ganze Bandbreite an südafrikanischen Tropfen
kennen. › S. 68

☐ **BEI DEN GOLDGRÄBERN**
Im Royal Hotel in Pilgrim's Rest verspürt man noch das Flair der
historischen Goldgräbersiedlung. › S. 126

☐ **KOSTPROBE:**
ZARTES STRAUSSENSTEAK
Das fettarme Fleisch pro-
biert man am besten in
einem Restaurant in
Oudtshoorn, dem Zen-
trum der Straußenzucht.
› S. 90

💬 **MITBRINGSEL**

- **Asiatische Gewürze** vom Indian
  Market in Durban, am besten
  gleich mit Rezept › S. 110
- **Jazz- oder Kwaitorhythmen,**
  auf CD gebrannnt, begeistern
  auch zu Hause › S. 43